中等职业教育公共基础课系列教材

智慧养老的内涵与模式

主　编　张岩勇　王海燕
副主编　刘光辉　朱成东　李瑞雪

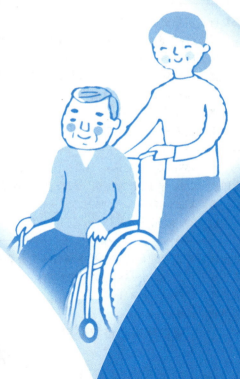

西安交通大学出版社
XI'AN JIAOTONG UNIVERSITY PRESS

图书在版编目（CIP）数据

智慧养老的内涵与模式 / 张岩勇，王海燕主编. —西安：
西安交通大学出版社，2022.12
　　ISBN 978 - 7 - 5693 - 2907 - 0

　　Ⅰ.①智…　Ⅱ.①张…②王…　Ⅲ.①养老-社会服务-
智能系统-研究　Ⅳ.①C913.6

中国版本图书馆 CIP 数据核字（2022）第 217581 号

Zhihui Yanglao de Neihan yu Moshi

书　　　名	智慧养老的内涵与模式
主　　　编	张岩勇　王海燕
副 主 编	刘光辉　朱成东　李瑞雪
策 划 编 辑	曹　昳
责 任 编 辑	曹　昳　王　帆
责 任 校 对	张静静
封 面 设 计	任加盟

出 版 发 行	西安交通大学出版社
	（西安市兴庆南路 1 号　邮政编码 710048）
网　　　址	http：//www. xjtupress. com
电　　　话	（029）82668357　82667874（市场营销中心）
	（029）82668315（总编办）
传　　　真	（029）82668280
印　　　刷	西安五星印刷有限公司

开　　　本	787mm×1092mm　1/16　**印张** 9.5　**字数** 156 千字
版 次 印 次	2022 年 12 月第 1 版　2022 年 12 月第 1 次印刷
书　　　号	ISBN 978 - 7 - 5693 - 2907 - 0
定　　　价	39.80 元

如发现印装质量问题，请与本社市场营销中心联系。
订购热线：（029）82665248　（029）82667874
投稿热线：（029）82668804
读者信箱：phoe@qq.com

版权所有　侵权必究

编审委员会

主　任　戴伟荣

副主任　崔　政　　张志栋　　梁希俭

　　　　　张鹏程　　雒润平　　李进刚

　　　　　魏继昌

本书编写人员

主　编　张岩勇　　王海燕

副主编　刘光辉　　朱成东　　李瑞雪

前 言
Preface

人口老龄化与信息化是现代社会发展的两大重要趋势。日益增加的养老服务需求对当下社会养老服务发展的不平衡、不充分提出挑战，运用信息化的智慧手段进行养老服务，将智慧养老嵌入老龄社会发展，既是积极应对人口老龄化的客观需要，也是老龄社会发展的潮流与推动社会变革的力量。

智慧养老的内涵与发展课程是我校智慧健康养老服务专业的核心课程。本书是根据《国家职业教育改革实施方案》《职业教育提质培优行动计划（2020—2023年）》《关于推动现代职业教育高质量发展的意见》的精神和要求，由校企合作开发的职业教育教材，满足中等职业教育人才培养的要求，体现职业教育特色。

本书根据教学标准的要求和初学者的实际情况，从实用角度出发，以循序渐进的方式，由浅入深地全面介绍了智慧养老的相关知识和实际应用。本书的特点具体有以下几个方面。

实用性。注重激发学生的学习兴趣，培养学生自主学习的能力。在每一个任务中设置了激发学生学习兴趣的任务背景，使学生能够很快进入本任务的特定情境，为后面的学习做好铺垫。

科学性。本书的内容和形式以权威的理论为依据，以职业院校学生的实际需要为出发点，适合职业院校学生的实际需求。

实践性。本书提倡教学活动化，增强教学的实践性，重点设计两个环节。第一个环节是导入部分，设置"任务背景"，学生可根据教材所提供的背景材料进行思考、探究，与其他学生或教师交流共享。第二个环节是对其中个别任务开展"谈一谈"，通过设计具有挑战性的、参与性强的问题，引导和推动学生积极主动地探究问题。

本书的知识性和实用性并重，系统、全面地介绍了智慧养老的内涵与模式，又对智慧养老未来发展进行了拓展。全书共分为五个项目，项目一介绍了智慧养老的内涵与发展历程；项目二对国内外智慧养老模式进行了分类和比较；项目三对当前比较新的养老大数据、人工智能养老、"互联网＋"养老、区块链养老等的发展现状进行分析；项目四对智慧养老进行顶层设计，探讨其实施模式；项目五分别按照智慧助老、智慧用老和智慧孝老三种模式进行阐述。同时在每一个任务中配有相应的数字资源（以二维码形式呈现）。课后配有"练一练""看一看"模块，使学生更好地了解智慧养老在社会中的作用。

本书由靖远县职业中等专业学校的张岩勇与王海燕任主编，其中，张岩勇负责前言及项目一的编写，王海燕负责项目二的编写，刘光辉负责项目三的编写，朱成东负责项目四的编写，李瑞雪负责项目五的编写。全书由张岩勇统稿和定稿。

本书在编写过程中，得到靖远县职业中等专业学校和陕西琢石教育科技有限责任公司等单位领导、企业专家的大力支持和帮助，在此表示衷心的感谢。

限于编者的水平和经验，疏漏之处在所难免，敬请读者朋友们批评指正。

编　者

2022 年 2 月

目 录
Contents

项目一　智慧养老的内涵与发展 ………………………………（ 1 ）

　任务一　智慧养老的含义 …………………………………………（ 2 ）

　任务二　智慧养老的发展历程 ……………………………………（ 8 ）

　任务三　智慧养老的发展展望 ……………………………………（ 13 ）

项目二　智慧养老的模式 …………………………………………（ 27 ）

　任务一　基于远程技术的智慧养老模式 …………………………（ 28 ）

　任务二　基于智能家居的智慧养老模式 …………………………（ 34 ）

　任务三　基于多方参与的智慧养老模式 …………………………（ 39 ）

　任务四　基于养老管家的智慧养老模式 …………………………（ 47 ）

项目三　智慧养老技术的应用 ……………………………………（ 53 ）

　任务一　大数据技术在智慧养老中的应用 ………………………（ 54 ）

　任务二　物联网技术在智慧养老中的应用 ………………………（ 63 ）

　任务三　"互联网＋"技术在智慧养老中的应用 …………………（ 75 ）

　任务四　区块链技术在智慧养老中的应用 ………………………（ 84 ）

项目四　智慧养老的设计与实施模式 ……………………………（ 95 ）

　任务一　智慧养老的总体框架 ……………………………………（ 96 ）

　任务二　智慧养老平台的架构设计 ………………………………（ 99 ）

　任务三　智慧养老平台的实施模式 ………………………………（104）

项目五　智慧助老、智慧用老与智慧孝老 ………………………（113）

任务一　智慧助老 ……………………………………………（114）

任务二　智慧用老 ……………………………………………（123）

任务三　智慧孝老 ……………………………………………（133）

项目一
智慧养老的内涵与发展

知识目标

1. 了解智慧养老的由来；
2. 掌握智慧养老的特点和内容；
3. 了解国内外智慧养老的发展史；
4. 掌握智慧养老发展的应用趋势与技术趋势。

能力目标

1. 培养学生搜集资料、阅读资料、利用资料的能力；
2. 培养学生分析问题和解决问题的能力；
3. 培养学生沟通表达、团队协作的能力。

思政与职业素养目标

1. 培养学生热爱养老服务行业的职业素养；
2. 树立爱岗敬业的职业道德观念；
3. 努力学好专业知识，在实践中丰富和发展自己。

虞舜，瞽瞍之子。性至孝。父顽，母嚚，弟象傲。舜耕于历山，有象为之耕，鸟为之耘。其孝感如此。帝尧闻之，事以九男，妻以二女，遂以天下让焉。

"二十四孝"之孝感动天

任务一　智慧养老的含义

任务背景

2022 年 1 月 17 日，国家统计局公布了 2021 年全国人口统计数据，其中，有三方面的数据是非常值得我们注意的：①2021 年末，我国 60 岁及以上人口 26736 万人，占全国人口的 18.9%，其中 65 岁及以上人口 20056 万人，占全国人口的 14.2%；②2021 年出生人口 1062 万人，人口出生率为 0.752%，创下 1949 年以来新低，近五年的下降幅度高达 40%；③16～59 岁的劳动年龄人口 88222 万人，占全国人口的 62.5%，相较 2020 年，劳动年龄人口数量继续下降。根据联合国的划分标准，当一国 60 岁及以上人口比例超过 10% 或者 65 岁及以上人口比例超过 7%，则认为该国进入"老龄化"社会；当这两个指标翻番（即 60 岁及以上人口比例超过 20% 或 65 岁及以上人口比例超过 14%）的时候，则认为该国进入"老龄"社会，也可以说是"中度老龄化"社会。

通过以上数据，我们可以预测，"十四五"末期我国会进入中度老龄化社会，但是按照 2021 年公布的数字来看，如果我们用 65 岁来作为标准的话，2021 年已经进入了中度老龄化社会。养老问题已经成为全社会关注的热点话题，如何将养老压力转化为发展养老事业和产业的动力，进而推动社会的全面发展，是摆在我们眼前的现实问题。

学习探究

一、智慧养老的由来

智慧养老的前身即"智能居家养老"(Smart Home Care)，最早由英国生命信托基金会提出，当时称为"全智能化老年系统"，即老年人在日常生活中可以不受时间和地理环境的限制，在自己家中过上高质量、高享受的生活。"智能居家养老"指利用先进的信息技术手段，面向居家老年人开展物联化、互联化、智能化的养老服务。其核心在于应用先进的管理和信息技术，将老年人与政府、社区、医疗机构、医护人员等紧密联系起来。

智慧养老是智能养老概念的继承，又有如下三方面的发展：①智能更多体现在相关设备与配置的智能化，而智慧除了包含设备的智能化，也含有对"合适的"或"聪明的"养老模式的探索；②"智能"更多体现在相关设备与技术的控制监测上，老年人是被动接受的，而"智慧"还包含老年人主动选择运用设备或技术的含义，更多体现了以人为本、以老年人为中心的理念；③智能养老更多体现在利用相关设备与技术对老年人的支持和帮助上，而智慧养老除了帮助老年人，还有利用好老年人的智慧，最终为老年人打造健康、愉快、有尊严、有价值的晚年生活的含义。

二、智慧养老的含义

智慧养老(Smart Senior Care，SSC)是指利用信息技术等现代科技(如互联网、社交网、物联网、移动计算、大数据、云计算、人工智能、区块链等)，围绕老年人的生活起居、安全保障、医疗卫生、保健康复、娱乐休闲、学习分享等各方面支持老年人的生活服务和管理，对涉老信息自动监测、预警甚至主动处置，实现这些技术与老年人的友好、自主式、个性化智能交互，一方面提升老年人的生活质量，另一方面利用好老年人的经验和智慧，使智慧科技和智慧老年人相得益彰，目的是使老年人

养老的内涵与模式

过得更幸福，过得更有尊严，过得更有价值。

由于养老地点的不同，智慧养老也有很多不同的类型，如智慧养老的居家模式、智慧养老的社区模式、智慧养老的机构模式、智慧养老的虚拟模式。

我们认为，智慧养老包括三个方面的含义，分别是智慧助老、智慧用老和智慧孝老，如图1-1-1所示。左边是为老，智慧助老主要是物质的支持，智慧孝老主要是精神的支持；右边是靠老，利用好老年人的经验、知识和技能。

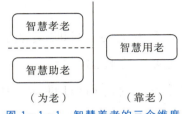

图1-1-1 智慧养老的三个维度

云南大力发展智慧健康养老产业

目前养老行业主要做的是智慧助老，我们与国外差距也不算大，许多物联网企业、可穿戴设备提供商、健康监测设备提供商、养老信息系统提供商主要服务于这个领域；关于智慧用老，我们和国外在同一条起跑线上，这方面的用老平台和技术都是刚刚开始；智慧孝老有明显的中国特色，是未来我们可以进行文化输出的领域。总的来说，养老虽然是一个亘古不变的话题，但是智慧养老绝对是个有前途的新兴领域，值得理论工作者孜孜探索，值得实务工作者落地实践。

查一查

老年人营养不良该怎么办呢？

三、智慧养老服务的特征

智慧养老的出现为养老服务带来新的机遇，其特征主要表现在以下四个方面。

1. 技术性

智慧养老利用现代化技术和智能设备，通过"互联网＋"和大数据的模式对海量数据进行分析，依托一系列拥有智能化设备的高新科技产业，实现自主的生活护理、起居帮助、信息传输、安全控制、生理数据检测、信息上传与下载等功能，挖掘市场的潜在需求，不断解决护理人员不足或者护理价格过高的问题，提高服务的质量，让老年人享受到优质的服务与体验，充分体现其智慧性。

甘肃：线上线下相融合居家养老更"智慧"

2. 多样性

智慧养老服务的内容是多层次的，可以满足老年人多元化的需求。智慧养老服务的一大亮点就在于妥善地实现多种多样的生活护理功能，包括通过无人值守智能设备对失能老年人进行照顾和看护，通过家庭燃气检测系统、水电开关控制系统来保证老年人的居家安全，通过定位仪器、自动信号灯来保证老年人的出行安全等。智慧养老服务种类繁多且内容有着显著的多样性。

3. 综合性

智慧养老服务依托新一代信息技术来建设功能齐全的综合服务平台，它不再是传统养老模式中若干项旧有服务模式的简单堆砌，而是针对一系列传统服务的综合化平台。这个平台能够对老年人生活所需要的各项服务做出统筹化、综合化的设计，让不同背景下的社会资源通过平台进行统一分配，显著地完善了各类服务的协同程度。

4. 交互性

智慧养老的重点在于"智慧"一词，即通过必要的人工智能手段，对老年人的需求做出反应，给出必要的应答，或者是提供远程范围内的其他服务帮助渠道。同时，老年人对生活的诉求将在具备交互能力的智慧养老平台系统中得到充分的表达，如老年人可以通过智慧养老社交平台，利用其经验智慧发挥余热，做到"老有所为"，实现自我需求。

谈一谈

老有所养是中华民族的传统美德，从古至今，中国传统家庭以个人的终生劳动积累为基础，多数老年人倾向于传统的家庭养老（所谓家庭养老指的是与社会养老相对应的一种养老模式，是指人进入老年阶段后，居住在家并由子女或者其他亲属负责照顾生活，养老问题全部由家庭解决的养老模式）。根据今天的学习内容，请大家谈一谈智慧养老与家庭养老的区别。

_____

_____

_____

_____

练一练

一、单项选择题

1. 全球人口老龄化最严重的国家是（　　　　）。

A. 意大利 　　　　B. 日本 　　　　C. 葡萄牙 　　　　D. 中国

2. 智慧养老的概念最早由（　　　　）提出。

A. 英国 　　　　B. 美国 　　　　C. 法国 　　　　D. 日本

3. 根据联合国的划分标准，当一国 60 岁及以上人口比例超过（　　　　）或者 65 岁及以上人口比例超过 7％，则认为该国进入"老龄化"社会。

A. 5％ 　　　　B. 8％ 　　　　C. 10％ 　　　　D. 12％

4.（　　）有明显的中国特色，是未来我们可以进行文化输出的领域。

A. 智慧助老　　　　　　　　　B. 智慧用老

C. 智慧孝老　　　　　　　　　D. 智慧养老

5. 所谓家庭养老指的是与社会养老相对应的一种养老模式，是指人进入老年阶段后，居住在家并由（　　）负责照顾生活，养老问题全部由家庭解决的养老模式。

A. 子女或者其他亲属　　　　　B. 子女

C. 亲属　　　　　　　　　　　D. 子女与邻居

二、多项选择题

1. "智能居家养老"指利用先进的信息技术手段，面向居家老年人开展（　　）的养老服务。

A. 物联化　　　　B. 互联化　　　　C. 智能化　　　　D. 网络化

2. 智慧养老是指利用信息技术等现代科技（如互联网、社交网、物联网、移动计算、大数据、云计算、人工智能、区块链等），围绕老年人的（　　）、安全保障、（　　）、（　　）、娱乐休闲、（　　）等各方面支持老年人的生活服务和管理。

A. 生活起居　　　　B. 医疗卫生　　　　C. 保健康复　　　　D. 学习分享

3. 智慧养老包括三个方面的含义，分别是（　　）。

A. 智慧助老　　　　B. 智慧用老　　　　C. 智慧孝老　　　　D. 智慧养老

4. 智慧养老的特征包括（　　）。

A. 技术性　　　　B. 多样性　　　　C. 综合性　　　　D. 交互性

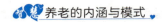

周剡子，性至孝。父母年老，俱患双眼，思食鹿乳。剡子乃衣鹿皮，去深山，入鹿群之中，取鹿乳供亲。猎者见而欲射之。剡子具以情告，乃免。

"二十四孝"之鹿乳奉亲

任务二　智慧养老的发展历程

任务背景

不知不觉间，"银发社会"悄然而至。"十四五"期间，我国老年人口将突破3亿，将从轻度老龄化迈入中度老龄化。当移动互联网的飞速发展不断给人们的生活带来便利时，很多老年人却窘困于"数字鸿沟"。随着广大老年人的养老需求不断增长，解决这一问题变得更为紧迫。

国务院关于印发"十四五"国家老龄事业发展和养老服务体系规划的通知

《中共中央关于制定国民经济和社会发展第十四个五年规划和二〇三五年远景目标的建议》提出，"实施积极应对人口老龄化国家战略"，并提出具体要求。如今，各地积极探索养老服务智能化，助力"养老"变"享老"，为老年人的生活增添温度。

学习探究

随着我国人口老龄化程度的不断提高，智慧养老借助物联网、计算机网络、智能设备等先进技术，实现家庭养老、机构养老与社区养老等一系列传统养老方式的有机融合，为老年人提供不间断、全方位、便利高效的养老服务，从而满足老年人的物质与精神需求，是养老服务的升级。为了更好地发展智慧养老，促进养老服务行业的快速发展，需要了解智慧养老的发展史。

一、智慧养老国外发展历程

西方国家进入老龄化社会的时间比较早,持续时间长,对养老问题的研究起步早且技术较为成熟。2008 年 11 月,IBM 公司提出了建设"智慧地球"的理念。2010 年,IBM 公司正式提出"智慧城市"的构想。随后在"智慧城市"的引领下,大批"智慧"产业涌现出来,如"智慧交通""智慧社区""智慧零售""智慧教育"等,在此背景下,智慧养老应运而生。智慧养老早期研究主要围绕智能家居的具体应用功能、无线传感网络来展开,侧重于技术和应用功能研究。随后,美国、英国、日本等国家率先进行了有关智慧养老项目的实践,并获得一定的成效。

1. 养老服务创新方面

德国政府在智慧养老服务领域投入了大量资金及心血。2006 年,德国"高科技战略"中的"数字经济与数字化社会""健康化生活"等重点领域与智慧养老密切相关。2007 年,欧盟的 14 个成员国成立了环境辅助生活研究机构,建设环境辅助生活系统,即家中各类智能传感器共同连通在一个智能平台上,构建一个即时反应环境,一旦监测系统分析出居家者出现突发状况,便会紧急联络亲属、急救中心进行救援。2008 年,德国联邦教研部支持了 18 个与环境辅助生活系统研发相关的项目。由于家庭改装环境辅助生活系统价格较高,部分慈善机构使用养老保险专项经费来支付改造费用。另外,德国部分政府部门联合创建了一个基于信息通信技术的老年社会融入项目"SONIA"。

智慧养老成未来趋势
"黑科技"频现上海老博会

"SONIA"将很多社交软件功能集成到平台上,提供交流、公告、娱乐等服务,线上线下相结合,减少了信息资源浪费,方便了用户反馈与政府监督,提高了老年人的生活质量。

2. 养老领域应用方面

日本政府在 2007 年提出借助护理机器人等智能化设备减轻家庭与护

理人员的负担；2013年探讨信息通信技术在超高龄社会的运用；2014年日本部分政府部门实施照护机器人开发导入机制；2016年提出"Society 5.0"计划，通过网络空间与物理空间的融合，使每个人共享超智能社会带来的福利。同时，日本政府对智慧养老产品的研发和推广十分重视。日本筑波大学研制的专为肌肉萎缩、行动不便的老年人设计的"机器外套"已成功推广，使老年人的行动和护理人员的工作变得更加简单。

3. 老年人及照护者的信息需求方面

2008年，澳大利亚政府启动"老年人宽带项目"，在2008年至2015年间建立2000多个数字亭，老年人在数字亭可以免费使用电脑并接受相关的培训，使得老年人数字贫困问题得到有效解决。澳大利亚和英国成立的虚拟"第三龄大学"、美国的在线学习SeniorNet网站等线上平台均可满足老年人的线上学习需求。澳、美、英等国家公开政府收集的养老服务机构数据和现场检查数据，包括养老服务机构的地址、电话、服务种类、评估等级，以及是否享受政府资助等，满足公众便捷查询和了解养老服务机构的需求。澳大利亚政府为老年人建立了专门的老年服务网站"My Aged Care"，为老年人提供需求评估、服务查询和投诉的渠道。澳、美、英等国家通过电话、网络等平台为家庭照护者提供支持，平台提供当地的服务资源、与照护者相关的资讯、老年护理知识、各项技能训练课程、康复器材的使用说明等，不仅能提高照护者的照护技术和照护质量，还能帮助老年人生活得更加安全和自信。

健康小贴士

老年人饮食应该遵循哪些原则？

老年人饮食应该遵循哪些原则？

二、智慧养老国内发展历程

我国的智慧养老起步较晚,总结其发展历程可划分为三个时期,如图1-2-1所示。

图1-2-1 我国智慧养老产业发展阶段

1. 萌芽期(2012—2013年)

我国智慧养老模式的产生来源于智慧城市的提出和发展。2010年在学术界出现了"信息化养老"的概念;2011年出现了"科技养老"的概念;2012年全国老龄办首先提出"智能化养老"的理念,鼓励、支持、推动开展智能养老的实践探索。后又提出了"网络化养老"的概念,进而发展成了"智能养老"与"智慧养老"。2013年国务院发布了《关于加快发展养老服务业的若干意见》,全国老龄办成立全国智能化养老专家委员会,为我国智慧养老产业发展制定目标、引路导航,学术界开始统一使用"智慧养老"。本时期经过政府和各界人士的积极推动,已有很多优质的智慧养老项目得到实施。

2. 发展期(2014—2018年)

2014年,民政部发布通知,在北京市第一社会福利院、北京市大兴新秋老年公寓、江苏省无锡市失能老年人托养中心等全国7家养老机构开展国家智能养老物联网应用示范工程试点工作。2015年,国务院发布《关于积极推进"互联网+"行动的指导意见》,明确指出要促进智慧健康养老产业发展。2016 年，工信部、民政部和国家卫计委三部门联合召开"信息技术和健康养老融合发展高峰论坛"，提出要加强对智慧健康养老产业体系的推广，做大做强智慧健康养老产业，并在论坛上发布了《智慧健康养老产业发展白皮书》。2017 年国家出台了《智慧健康养老产业发展行动计划（2017—2020 年）》，2018 年国家发布《智慧健康养老产品及服务推广目录（2018 年版）》等政策，推动了我国智慧养老产业的不断发展。

3. 黄金期（2019 年至今）

2019 年 1 月 21 日，工信部、民政部、国家卫健委联合主办了第二届智慧健康养老产业发展大会，大会指出发展智慧健康养老产业为应对人口老龄化提供了有力的科技支撑，并再次明确了智慧养老相关产业政策及智慧养老发展路径。2020 年，国务院办公厅印发《关于切实解决老年人运用智能技术困难的实施方案》，进一步解决了老年人在运用智能技术方面遇到的困难。2021 年，工信部、民政部、国家卫健委三部门联合印发《智慧健康养老产业发展行动计划（2021—2025 年）》，提出到 2025 年智慧健康养老产业科技支撑能力显著增强，产品及服务供给能力明显提升，试点示范建设成效日益凸显，产业生态不断优化完善，老年"数字鸿沟"逐步缩小，人民群众在健康及养老方面的幸福感、获得感、安全感稳步提升。智慧养老产业迎来发展黄金期。

项目一 智慧养老的内涵与发展

周仲由，字子路。家贫，常食藜藿之食，为亲负米百里之外。亲殁，南游于楚，从车百乘，积粟万钟，累茵而坐，列鼎而食，乃叹曰："虽欲食藜藿，为亲负米，不可得也。"

"二十四孝"之百里负米

任务三　智慧养老的发展展望

任务背景

鉴于我国人口老龄化规模庞大，老龄化速度较快，若继续依赖实体养老机构改善养老保障服务，不仅经济成本巨大，而且效果难以保证，也不符合大多数老年人希望居家养老的愿望。因此，"智慧养老"模式无疑有很大的发展潜力和空间，但这种潜力和空间的获得有赖于我国养老服务体系建设的不断完善，具体来说，就是要不断提高我国养老社会化水平，为"智慧养老"提供源源不断的资源供给。发展"智慧养老"，依托智能信息技术，实现分散养老资源的集中、精确、高效供给，是我国应对"未富先老"时代老龄化冲击的有效选择，具有重要的推广意义。

因此，随着物联网、大数据、云计算、人工智能等技术的不断发展与进步，我国"智慧养老"模式必将在技术上有广阔的应用前景，在提升我国养老保障服务成效方面也将发挥不可忽视的积极作用。

学习探究

一、智慧养老应用的发展趋势

随着信息技术的不断成熟，未来智慧养老的应用场景将具有无限的可能。未来，智慧养老技术被应用于老年人的生活中时，将不再通过一个对老年人来说难以操作的界面去执行某项任务，很多时候将通过具有感知功能的智能环境，来探测甚至预知老年人需要的服务，然后流畅、平稳地启动、送达和完成服务。未来，智慧养老的应用场景涉及生活照料和辅助、日常安全、精神陪伴方面，并更深入地协助老年人运用能获得精神生活满足感的智慧化工具与应用。具体表现在以下五个方面。

(一)人工服务被机器和智能系统替代

在我国，未来几十年的趋势是人工服务的成本将逐年上升，而系统服务的成本将逐年下降。对于大多数人来说，使用人工服务的成本将越来越高，老年人的生活环境将高度智能化，他们的生活照料和辅助将越来越多地由智能环境来完成，或者由智能环境配合服务机器人共同完成。未来在养老服务人员严重短缺的情况下，下面三类服务将很有可能首先被机器和智能系统替代。

1. 长期帮助老年人处理日常个人卫生的服务

养老服务中一些服务人员总是不愿意做的事情，首先就是对失能老年人排泄物的处理，即使支付较高的工资，长期帮助老年人处理日常个人卫生，仍很难吸引高质量的服务人才，这也是很多人进入老年人照护行业的一大障碍。随着老年人年龄的增长和寿命的延长，这一刚性需求的规模会越来越大，进而将加速驱动相关产品的成熟并进入实际应用领域。近年来的技术突破，使智能排泄处理系统有望进入家庭，取代人工服务。

全自动大小便护理床

2. 全天候监测老年人全面状态的服务

随着老年人寿命的延长，其晚年的居家生活时间也越来越长，对全天候监测的需求越来越大，特别是独居老年人的安全看护服务。但是，传统的安全看护服务却出现了很多问题。一方面，用人力来

天津市推行智能养老！多种设备守护老年人安全，快来了解一下吧

提供这种服务的成本太高，无法实现大面积覆盖；另一方面，人力无法持续地关注老年人的各种状态细节，而智能看护系统则不会疲倦，可以日夜不停地运行，实现人工无法达到的程度。以独居老年人的安全看护服务为例，智能看护系统能够做到7天不间断服务，并且能够把老年人的活动定位到马桶、淋浴器、床等具体位置，其关注的细致度远远超过人工。采用智能看护的成本比人工服务的成本低很多，且能大大减少看护的死角。

3. 老年人的日常精神陪伴服务

随着社会的发展，传统的老年人日常精神陪伴服务将无法满足老年人的需求。首先，子女及亲属由于工作的压力或者其他问题，无法长时间陪伴老年人。其次，大批非独居老年人每天生活在"准孤独"状态，虽然身边有子女或保姆陪伴，但是同时具备耐心、爱心，又有相关知识和技能，可以和老年人做有一定深度的精神交流的人少之又少。智能陪伴机器人的出现将有效解决长时间耐心倾听这一问题，它将逐渐替代大量人工的陪伴，满足老年人的日常精神陪伴需求。但这并不能完全取代真实的人际社会交往，协助老年人拓展、维持一个必要的、真实的人际社交网络将是老年人身边"智能助手"的重要职责。

伴侣机器人 ELLi·Q

(二)智能化自我评估与自我实现辅助

智慧养老应用未来在提升老年群体晚年的精神生活质量方面将大有可为。在满足了老年人生活和健康方面的需求后，使用智能化自我评估与自我实现辅助来满足老年人精神层面的需求将成为主要任务。因此协助老年人实现自我价值，将对老年人晚年的精神生活起到越来越大的作用。以下是智能化自我评估与自我实现辅助的关键环节。

(1)智能评估。通过系统的定期自我(兴趣)评估，使用专业的工具来发现那些最能令老年人获得精神满足的活动和爱好。

(2)智能规划。根据老年人身边的资源，用智能化工具科学地设计和安排老年人晚年生活的各种活动，包括教育、旅游、社交等。

（3）智能对接。通过智能代理获得老年人参与活动和爱好的渠道、资源和社群。

（4）参与辅助。运用积极心理学的最新发现，利用智能化工具积极地协助、帮助老年人。

这些应用在未来将变得十分重要。其原因在于随着年龄的增大、身体机能和大脑的衰退，老年人的社交和活动范围会不断缩小，在达到一定年龄后，老年人将难以独立完成一些活动，但是其精神需求仍然存在，因此需要多种智慧化的工具来协助满足其精神需求，而这正是未来智慧养老应用的重要领域。

（三）健康管理融合线上与线下

目前健康管理平台仍以线上咨询为主，还不能形成良好的互动模式，老年人对互联网医疗产品的认同度也还停留在较低阶段。特别是对于取代传统人工服务的线上服务，其服务效率不再受人力资源供给的影响，也不再受服务人员的情绪、能力和态度的影响。由技术辅助的传统线下人工服务，无论是服务调度、服务资源的匹配、服务流程的控制，还是服务的监督，引进智慧养老技术均可以快速地发现效率洼地，大幅度提高服务效率。因此，以"平台＋医生＋患者＋检测硬件"为切入点的互动模式将更具价值。

（四）医养结合实现医疗与智慧养老融合发展

未来医疗大数据和智慧养老融合发展，实现老年人的养老日常数据与医疗服务数据互通，为老年人提供医养结合、无缝衔接的服务模式，真正解决老年群体的医疗刚需。其中，远程医疗监护是智能化养老的理想途径，具体发展方向包括以下几个方面。

1. 家庭医疗保健工程成为远程医疗的新趋势

家庭医疗保健工程的目标是将家庭和医疗联系起来，实现医疗进入普通家庭，让老年人在家中就能够得到康复治疗、监护和保健。其中，

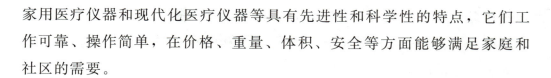

家用医疗仪器和现代化医疗仪器等具有先进性和科学性的特点，它们工作可靠、操作简单，在价格、重量、体积、安全等方面能够满足家庭和社区的需要。

2. 高抗干扰能力和高信息安全性

生理信号和测量数据在家庭医疗检测节点和远端监控中心之间网络传输的过程中，易受到外部因素（如环境中的噪声、电磁）等的干扰，并且无线通信数据容易被侵入，受无线宽带的限制。因此，为实现节点高能效管理和节能、提高系统的可靠性，高抗干扰能力和高信息安全性是未来远程医疗监护系统的一个发展方向。

3. 整体系统的一体化

随着无线传感器网络技术、信号检测与处理技术、计算机技术的进一步发展，远程医疗监护系统将具有更高的信息采集速度和定位精度，形成高度集成的信息化系统，可提高远程医疗的工作效率和准确率。

4. 软件的智能化

老年人生理功能退化和慢性病的出现，对医疗服务提出更多的需求。对于医护人员来说，针对老年人的远程医疗监测主要关注相关的生命体征（体温、脉率、呼吸频率和血压）、肺活量、血糖水平、心电图和体重。目前，主要利用的是家庭计算机系统、移动电话、平板电脑或者专门的远程监控仪器，它们在日常生活中可以监测到相关参数。这些数据可通过网络传输给远端的医院或者私人诊所的临床医师。未来，这些设计和技术应该能够方便地安置在老年人的家中，来满足他们现有的及将来的需求。人机交互界面显示的信息量更多、操作更加简单、界面更加简洁直观，系统将具有生理参数动态图形模拟显示功能。

5. 智能社区医疗服务的升级

伴随着人口老龄化问题的出现，老年人日常护理的需求也进一步加大。大力发展智慧养老不仅可以使社区医疗服务能力向大型医院靠拢，也可以解决我国所面临的社会医疗问题。将新一代信息技术应用到社区医疗服务中带来的最大好处在于，为社区老年人提供高效、高质的医疗卫生服务，提高社区医院的管理水平，能够做到对慢性病的预防和对老年人日常生活的护理。

应用智慧养老，可以缩小社区医院与大医院的信息鸿沟。智能社区医疗服务通过 RFID 感知技术、电子健康档案、远程病情监测等应用，可以避免患者奔波，避免医生重复检查、询问病史；方便行动不便、无人照料的特殊患者；降低患者费用，降低医护人员的工作强度。未来，将智慧养老在全国进行普及是养老服务的必要途径。

（五）智能家居是智能养老的重要方向

随着物联网和互联网技术的发展，智能家居在计算机科学工程学、医学等学科领域的推动下将获得极大进展。智能家居不仅具有传统的居住功能，还能将原来被动静止的建筑转变为能动、智能的生存空间。在住宅中利用感知设备、分散式运算环境及网络，对室内场景进行感知及活动的辨识（包括身份、位置、活动、姿势、表情、声音），融合人的个性化需求，通过智能化的控制和管理，协助老年人的生活，并利用主动式个人化温湿度控制及紧急呼叫救助系统和全方位的信息交换功能，保证家庭内部、家庭与外部信息的畅通，实现以人为本的家居生活。在应用方面，智能家居养老系统采用电脑技术、无线传输技术等手段，在居家养老设备中植入电子芯片装置，使老年人的日常生活处于远程监控状态。最重要的是，智能家居养老系统可以在老年人身上安装 GPS 全球定位系统，子女再也无须担心老年人外出后走失。

近年来，美国、英国、日本等国家发起了数项为老年人服务的智能家居技术应用的项目，主要目的是为了降低老年人对家人的依赖程度，同时增加老年人心理上的安全感。未来，智慧养老应用的发展一方面需要利用互联网、物联网、云计算、大数据等高科技手段，另一方面需要政府统筹制定政策规划、服务和产品标准、财政投入标准，打破智慧养老企业进入养老服务领域的种种约束，研发覆盖省、市、县（市、区）、街道（乡镇）、社区（村）智慧养老服务的大数据平台，整合利用"线上＋线下"各类养老服务资源，推动信息互联互通，实现政府、智慧养老服务供给方(各类企业和养老机构)的服务资源与老年人多层次、差异化需求的动态匹配，打造集"互联网＋政府＋企业＋养老机构＋老年人＋子女"于一体的智慧养老综合服务体系，促进各类智慧养老服务资源的合作共建，以及老年群体的智慧养老资源共享。

健康小贴士

老年人群营养健康。

老年人群营养健康

二、智慧养老技术发展趋势

新一代信息技术背景下的智慧养老是老年服务领域的一场革命，它通过技术革新改变服务方式，使养老服务的供给和需求产生质的变化，供给质量大幅提升，需求大量释放，促使养老服务产业在短时间内呈现指数级增长，从而推动经济发展和社会的全面进步。

在智慧健康养老的大背景下，远程医疗照护、在线监测、人工智能、数据共享等系统智能化手段，便携式、可穿戴、自助式、高灵敏度等装备智能化手段，简单便捷、人性化、可订制的服务智能化手段，及时性、全面性、集成化、可预测等管理智能化手段将成为未来智慧养老产业的发展方向。

(一)未来智慧养老的特点

1. 智慧养老将更"隐形"

通过智慧养老技术的发展，智慧养老应用将不再是在现有环境里追加的一个技术模块，而是通过部署在老年人家中各种器具上的传感器，无缝地融入人们的生活环境，成为环境的一部分，老年人不会明显地感受到它的存在。

2. 智慧养老将更"智能"

随着人工智能技术的发展，智慧养老中涉及的各种识别、分类、判断、决策也将更准确、更及时，基于实时信息的多种服务资源的匹配和调度也将更及时、更有效。此时，对老年人生活的感知将不再由每一个分离的系统来完成，而是由智能环境全面地、实时地采集，可以自动地发现并区分更多的、更细的安全事件。从老年人跌倒的预警和发现、吃药的提醒和风险警告，到识别冰箱里的过期食品等，老年人与智慧养老系统的交互也不再是通过一个特定的操作界面，而是由包括语音、手势甚至思维（脑电波）驱动的智能化意愿感知环境来完成。这一切通过真正的智慧养老应用融入千家万户，尤其是融入老年人的生活环境。

3. 智慧养老将"无处不在"

随着新一代信息技术的发展，智慧养老将渗透到老年人生活的方方面面，包括安全看护、生活照料、健康管理、文化娱乐、精神慰藉、教育学习、社会参与、价值实现等老年人生活的所有方面。与养老相关的各种设施，包括老年人家中、社区养老服务中心、老年大学、商业网点、医院、城市的各种公共设施、交通设施等，都将有智慧养老服务融入其中。

4. 智慧养老将使老年人更有控制感

对于有自主意识和自主能力的老年人来说，智慧养老将会使他们更容易把握自己的生活，而不是被动地接受安排。所以智慧养老的设计需要有更多懂得老年人心理需求的设计人员，使智慧养老不仅体现在服务方案的设计上，更能体现在交互方式上。

(二)未来智慧养老的应用技术

1. 智慧家居

随着人口老龄化的加剧，智能家居将更"智慧"，会迎来真正的市场需求大潮。特别是一系列在家中与高龄老年人直接发生关系的各种智能器具，除了真正便于老年人操作的智能电视，还包括智能床、智能药箱、智能马桶、智能冰箱、智能橱柜和智能灶具等智慧产品，如图1-3-1所示。

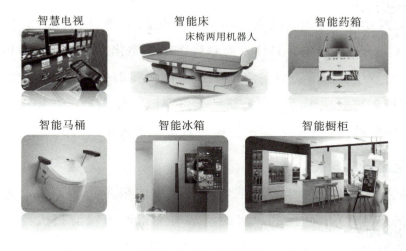

图1-3-1 智慧家居

这类产品的目的是保障大批老年人在高龄阶段能够独立地在自己家中生活。它不仅可以提供舒适的温度、智能化的服务，还能够通过地板上的传感器提供一系列与老年人安全和行动相关的信息，对监测老年人的整体安全状况和行动趋势至关重要。

例如，未来的智能马桶将具备语音功能，克服操作界面不适合老年人的缺陷，便于老年人操作。智能药箱和智能冰箱等将帮助老年人进行药物和食物的管理，包括及时补充、过期处理、搭配与平衡

智能地板

等。智能床不仅能够调整老年人各个身体部位的角度、协助老年人起身等，还能够在老年人睡觉时监测与分析老年人的睡眠，分析老年人的一些关键体征，如呼吸频率、心率等，甚至能够根据老年人在床上的姿势，自动调整压力支持，避免老年人血液流动不畅。智能橱柜除了能够显示橱柜内的东西，方便老年人查找，还能够自动地调节高度。

2. 智能穿戴

智能穿戴设备有哪些

随着新一代信息技术的发展，尤其是信息采集模块、传输模块和供电模块等的持续小型化，以及用于可穿戴物品的新型材料的不断涌现，未来的智能穿戴技术将与传统的可穿戴物品紧密融合，大规模地渗透到人们的日常生活中。具体发展趋势将在小型化、智慧化、载体化三个方向上同时发生：可穿戴设备将继续小型化和首饰化，大批传统的可穿戴物品将被植入智慧功能而演变为新一类可穿戴智能设备，衣物将成为可穿戴设备的主要载体，一些特定的智能装置甚至将被植入人的皮肤之下。

3. 生活辅助器械

能让老年人健步如飞的走路辅助器

随着人力成本的持续攀升，老年人家中的很多清洁工作，尤其是卫生间和厨房的清洁将不得不依赖清扫机器人或者自动清洁系统。各种一键操作的清洁装置将会出现，老年人或服务人员只需要设置好需要清洁的位置，系统便可以完成其余的工作。各类服务机械手将协助老年人完成一些他们独立操作有一定困难的居家活动。例如，洗澡机械手能够帮助老年人洗澡；拾物机械手能够帮助老年人捡起掉落在地上的物品，并放置到老年人可以方便操作的台面上。相当一部分独立居住的老年人在高龄阶段需要辅助行走，智能助行器或方便老年人自己操作的智能电动轮椅将普及。与现在的轮椅不同，未来的智能电动轮椅将更自动、平缓地协助老年人起身和落座，听从语音指令等。老年人由于疾病或体力衰弱，对于很多生活中的正常动作已经力不从心了，这使其活动范围越来越小，活动类型也越来越少，特别是在轮椅无法使用的场合。外骨骼则能够辅助老年人恢复一部分活动，帮助老年人行走，包括上下楼梯等，提升活动的安全性，从而大大地丰富老年人的生活，增加老年人晚年的乐趣，这对那些由于体力衰弱而被困在家里的老年人来说很有吸引力。还有很多类似的生活辅助器械将成为大批老年人独立生活的必需品。

4. 健康管理

老年人日常身体监测数据的采集将是自动的，通过床、马桶、地板、座椅等多种在日常起居活动中和老年人接触的智能器具上的传感器来完成。未来，老年人的日常健身锻炼和康复训练等，将由一个智能教练机器人来指导完成。机器人除了制订健身计划，还要监督老年人执行健身锻炼并进行细致的指导。例如，老年人在一次重感冒初愈后，智能地板发现老年人的腿部力量由于几天的卧床休养而明显减弱，它将相关情况通知智能教练机器人，智能教练机器人制订训练计划后，监督老年人定期训练，并协助老年人每次完成预设的目标运动量，以保证老年人在预期的时间内恢复肌肉的力量，降低跌倒的风险。

养老技术的智慧化是个缓慢地从无到有的过程，需要市场需求、应用理念、硬件技术、软件技术、产品设计、技术集成、服务融合、制作成本、社会接受度、政府政策等多方面的融合和协同，才能有条不紊地向前发展。

人口老龄化加剧和服务人员短缺导致智慧养老需求大幅度增加，技术进步导致硬件和软件的开发及制作成本大幅度降低，通过政府支持的一些项目促成产品的规模化应用，实现产品成本下降。

谈一谈

开展小组讨论：你认为智慧养老今后的发展趋势主要表现在哪些方面？记录小组讨论的主要观点，推选小组代表在课堂上阐述小组的观点。

_____

_____

_____

_____

> 练一练

一、单项选择题

1. 智慧养老在未来的智慧养老应用中提升老年群体晚年（　　）的生活质量将大有可为。

　　A. 身体方面　　B. 精神方面　　C. 心理方面　　D. 健康方面

2. 未来医疗大数据和智慧养老融合发展，实现老年人的养老日常数据与（　　）互通，为老年人提供医养结合无缝衔接的服务模式，真正解决老年群体的医疗刚需。

　　A. 医疗服务数据　　　　　　B. 医疗病理数据

　　C. 智慧养老平台数据　　　　D. 智慧养老数据

3. 智能社区医疗服务是将物联网技术应用到社区医疗服务的各个方面，将社区医院的医疗设施、医疗手段、医疗流程全部实现（　　）。

　　A. 信息化　　B. 自动化　　C. 智能化　　D. 个体化

4. 未来需进一步寻求无线多通道数据传输方式，传输医用传感器与医疗监控中心之间的信息，重点对（　　）信息进行准确检测、实时处理和数据显示。

　　A. 病理参数　　B. 生理参数　　C. 健康参数　　D. 医疗数据

5. 为实现节点高能效管理和节能、提高系统的（　　），高抗干扰能力和高信息安全性是未来远程医疗监护系统的一个发展方向。

　　A. 安全性　　B. 实用性　　C. 共享性　　D. 可靠性

6. 依托智慧养老，可以共建（　　）。

　　A. 智慧养老生活圈　　　　　B. 邻里互助养老服务圈

　　C. 社区居家养老生活驿站　　D. 智慧康养圈

7. （　　）是指通过系统的定期自我（兴趣）评估，使用专业的工具来发现那些最令自己获得精神满足感的活动和爱好。

　　A. 智能评估　　B. 智能规划　　C. 智能对接　　D. 参与辅助

8. 未来，老年人的日常健身锻炼和康复训练等将由（　　）来指导完成。

A. 智慧养老平台　　　　　　　B. 康复训练师

C. 智慧养老工作人员　　　　　D. 智能教练机器人

9. 疼痛缓解领域是（　　）应用的一个新兴领域。

A. VR　　　　　　　　　　　　B. VR 与 AR

C. AR　　　　　　　　　　　　D. MR

二、多项选择题

1. 智能化自我评估与自我实现辅助的关键环节包括（　　）。

A. 智能评估　　B. 智能规划　　C. 智能对接　　D. 参与辅助

2. 未来的智慧养老的特点是（　　）。

A. 更隐形　　　B. 更智能　　　C. 无处不在　　D. 更有控制感

3. 精神慰藉应用技术包括（　　）。

A. 智能社交管理　　　　　　　B. 陪伴聊天机器人

C. VR 与 AR　　　　　　　　　D. 智能产品

4. 智能地板的功能包括（　　）。

A. 监测老年人是否跌倒　　　　B. 监测老年人的步态

C. 检测老年人的身体状况　　　D. 监测老年人日常生活轨迹

5. 智慧养老应用发展的意义表现在（　　）。

A. 智慧养老将增强养老服务社会化的能力

B. 智慧养老将提高养老服务的管理水平

C. 智慧养老将增进社会文明的和谐程度

D. 智慧养老将提高养老服务的应用水平

6. 智能穿戴具体发展趋势将在（　　）方向上同时发生。

A. 多元化　　　B. 小型化　　　C. 智慧化　　　D. 载体化

项目二
智慧养老的模式

知识目标

1. 熟悉国内外多种养老模式；
2. 掌握国内外各种养老模式的运行框架；
3. 掌握国内外各种养老模式的特点。

能力目标

1. 根据学习任务内容，能完成表 2-4-1 中内容的填写；
2. 培养学生搜集资料、阅读资料、利用资料的能力；
3. 培养学生分析问题和解决问题的能力。

思政与职业素养目标

1. 培养热爱养老服务行业的职业素养；
2. 树立爱岗敬业的职业道德观念；
3. 努力学好专业知识，在实践中丰富和发展自己。

宋朱寿昌，年七岁，生母刘氏，为嫡母所妒，出嫁。母子不相见者五十年。神宗朝，弃官入秦，与家人决，誓不见母不复还。后行次同州，得之，时母年七十余矣。

"二十四孝"之弃官寻母

任务一　基于远程技术的智慧养老模式

任务背景

远程技术是指利用无线/有线网络通信技术，通过将分布在不同空间位置的多个终端有效互联，实现高效的信息传播和共享，进而提高远程工作、学习的便捷性和效率。自20世纪70年代以来，随着传感器技术、信息与通信技术（ICT）、人工智能（AI）等相关技术的快速发展，远程技术得到了长足进步，并被广泛应用于教育、医疗等领域。

随着远程技术的发展，远程通信、远程视频、远程监测、远程医疗等已逐渐被人们所熟悉。国内外都已开始应用远程技术来辅助解决养老难题，例如，瑞典的ACTION模式、芬兰的远程监测模式等，前者用远程技术帮助老年人的家庭护理人员完成培训、提高照护技能，从而间接提高老年人的生活质量；而后者借助远程监测和数据分析，为老年人提供全方位的安全保障。

5G远程超声技术助力乡村基层医生诊疗

一、瑞典：ACTION 模式

1. 模式简介

ACTION(Assisting Carers Using Telematics Interventions to Meet Older People's Needs)模式，即使用远程信息处理的干预措施，协助家庭护理人员来满足老年人的需求。该项目最初在 1997—2000 年由欧盟资助，在瑞典、英国的英格兰和北爱尔兰、爱尔兰及葡萄牙的老年人家中，通过使用信息通信技术为家庭护理人员提供与护理情况有关的信息、教育和支持，以帮助提高老年人生活的自主性和独立性，从而改善其生活质量。2000 年之后，瑞典继续研究和发展 ACTION 的理念，并使其得到大范围的推广应用。

2. 模式运行框架

人口老龄化需要越来越多的家庭护理人员。然而，不少家庭护理人员(如亲友、子女、刚从事这个行业的家庭护理人员等)主要是靠自己摸索护理技巧，缺乏相关经验。ACTION 模式借助信息技术来支持家庭护理者，以便其能够更好地为老年人提供照护。

ACTION 模式参与主体包括服务专家、家庭护理人员、接受服务的老年人。服务专家不直接为老年人提供服务，而是借助信息技术向家庭护理的"新手"给予辅助指导，ACTION 模式的整体结构如图 2-1-1 所示，可以看出服务专家的专业知识通过网络传递，能够最大程度被全体家庭护理人员学习和使用，从而间接提高了老年人的生活质量。

该模式包括三个组成部分：多媒体教育项目、配有视频电话的服务站、呼叫中心。其中，多媒体教育项目主要针对护理人员和老年人的需求开展，包括日常护理技能、喘息服务、对痴呆和中风患者的服务指导

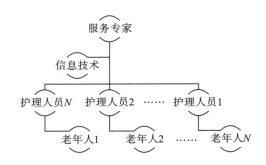

图 2-1-1 ACTION 模式的运行框架示意图

与认知训练,以及娱乐性的在线游戏等;服务站功能则需要老年人家中有一台能够上网的计算机,借助摄像头和互联网视频电话设施,方便使用者和呼叫中心的服务专家进行视频、语音互动。

3. 模式特色

ACTION 模式借助信息技术打破传统的专家—老年人的服务支持模式,通过采用专家—家庭护理人员—老年人的模式,提高了服务专家的知识分享覆盖面,并在不断的交互学习中使得家庭护理人员能够逐渐掌握专业的技能,经过长期的经验积累最终升级为服务专家。

二、芬兰:以老年人为中心的远程监测模式

1. 模式简介

芬兰以物联网(Internet of Things)技术为依托,构建了物联网监测系统框架。该框架主要包括三个层级:感知层、网关层和云层。在这个框架下,芬兰推广应用了基于物联网的全方位养老监测系统,其涵盖了老年人居家、出行、购物等各个方面,通过为老年人配置局域网设备或在固定场所配置监测设备,让老年人"浸入"在一个全方位、多层次的保护网中。

2. 模式运行框架

对于常规的老年人活动,监测系统借助物联网三层体系架构完成收集数据、传递数据、分析数据等步骤。对于正常的数据,会定期向老年人提供监测报告、生活建议和早期预警等;对于异常的数据,将会启动

相关干预措施，为老年人提供专业的指导和支持，如图2-1-2所示。为了更好地为老年人提供针对性的服务，监测系统还连入了第三方代理机构，提供专业的医疗分析和服务。

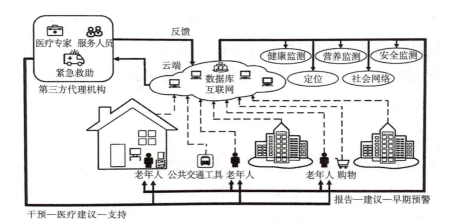

图2-1-2　芬兰监测模式运行框架图

3. 模式特色

监测类的养老服务项目能够实时分析老年人的行动数据，并通过数据库的搜索对比，识别老年人的正常或异常状态，进行提前预警和干预。既可以降低老年人遇到危险无法呼救的概率，又可以减轻养老照护者的压力。

该模式的整体思想是借助物联网和云端平台的实时监测与分析，为老年人的日常生活提供额外的保障，从而提高老年人日常生活的安全感，同时也能为老年人的照护者提供信息支持。

健康小贴士

老年人可以用保健食品代替食品补充营养吗？

老年人可以用保健食品代替食品补充营养吗？

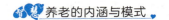

三、中国珠海：e-Link 模式

1. 模式简介

e-Link 模式是通过电子方式进行各种养、医、护人员与老年人的连接。通过将老年人纳入"智慧医养平台"，老年人只需下载一个 App，即可在家中实时通过智能化终端满足多方面的居家养老需求，做到"足不出户"享受养老服务。

2. 模式运行框架

e-Link 模式通过老年人端、子女端、护士端、医生端等智能客户端，将老年人及其子女与治疗专家、护理专家、营养专家、运动专家、心理专家、辅具适配专家等远程连接。同时通过大数据计算，服务商也可更加精准地为老年人推送服务，提高服务精确度，提升服务质量。老年人的子女也可以通过手机 App 获得老年人的健康数据，及时和老年人沟通并为老年人提供帮助。其整体模式结构如图 2-1-3 所示。

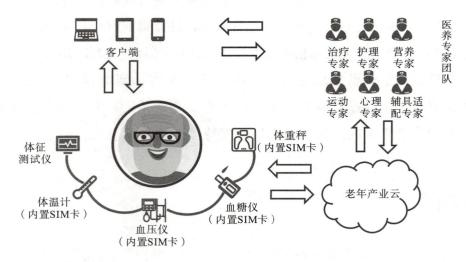

图 2-1-3　e-Link 模式运行框架图

老年人通过 e-Link 居家养老系统可以享受到综合评估、健康数据智能管理、远程监控、紧急救援（跌倒、走失等）、安全防护、生活照料、医疗保健、家政服务、人文关怀、文化娱乐等服务内容。

3. 模式特色

借助 e-Link 居家养老系统，老年人可以随时远程连接到医养专家团队，满足了老年人的居家照护需求。借助客户端，精简了使用者的操作流程。各方参与者"缩短"了相互之间的距离，可以让老年人、老年人的子女、专业医生、护理人员等紧密连接，为他们提供良好的服务体验。

谈一谈

通过学习基于远程技术的智慧养老模式，你有什么心得体会？

_____

_____

_____

_____

练一练

根据今天所学习的养老模式，完成表 2-4-1 中的相应内容，见 52 页。

前汉文帝，名恒，高祖第四子，初封代王。生母薄太后，帝奉养无怠。母长病，三年，帝目不交睫，衣不解带，汤药非口亲尝弗进。仁孝闻天下。

"二十四孝"之亲尝汤药

任务二　基于智能家居的智慧养老模式

任务背景

越来越多的老年人不愿放弃自我的独立生活、不愿离开自己熟悉的环境而迁移到养老院。为了应对这样的现实问题，智能家居应运而生，其目的是让老年人尽可能延长在自己熟悉的环境中生活的时间，也尽量让老年人在家中更好地生活。

学习探究

一、法国：Sweet-Home 模式

1. 模式简介

Sweet-Home 模式是法国在 2010 年提出并推广的一类智慧居家养老模式。该模式以音频技术为基础，通过自然人机互动的方式（语音和触觉命令）为需要护理但仍能自主生活的老年人提供协助。

2. 模式运行框架

独自居住的老年人可以直接向智能控制器提供信息（如通过语音命令），或通过环境感应装置向智能控制器提供信息（如温度、湿度）。该模

式有益于在活动、视觉方面有困难，需要安全保障的老年人，可提高他们居家生活的自主性、舒适性和安全性。

Sweet-Home 模式整体的运行结构图如图 2-2-1 所示（图中 KNX 是 Konnex 的缩写，其是全球性的住宅和楼宇控制标准）。KNX 网络可以连接符合该标准或协议的设备。在老年人的家中，埋设有许多的话筒获取室内的声音，声音被获取或检测到后，分别进行声音的质量评估，然后对环境声音和人员语音进行区分，根据预设的算法进行处理，如果发现异常则进行报警，或者通过专门的交流设备与相关人员进行交流。该模式的目标用户是在家中独自居住并能自主生活，但是在视觉等方面需要帮助的老年人，使他们尽可能以最自然的方式，随时随地掌控自己生活的环境，提升自己的生活质量。

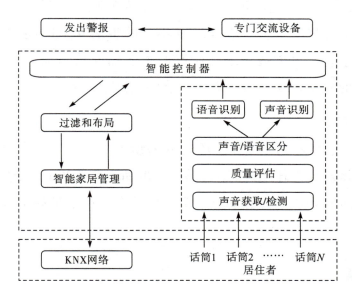

图 2-2-1　Sweet-Home 模式结构图

3. 模式特色

该模式借助语音识别技术和环境感应装置，为老年人营造"可操控"的居家环境。该模式的语音识别技术有助于提升老年人日常生活质量，通过在危险情况下发出警告或在老年人摔倒时协助他们进行求助，可以为老年人带来安全感。

二、德国：AAL 模式

1. 模式简介

环境辅助生活（Ambient Assisted Living，AAL）技术首先在德国进行研发，随后在欧盟内进行推广。它是一种具有扩展性的智能技术平台，将各种不同的设备连接在平台上，构建一个能够即时反应的环境，利用移动通信技术对老年人的状态和环境进行分析，并实时监控老年人的身体状况，提供自动紧急呼救，可以帮助使用者改进认知能力、进行各种基本的日常生活活动，旨在提高老年人的生活质量。

2. 模式运行框架

AAL 模式运用周边辅助技术增强老年人的独立生活能力，让老年人在自己习惯的环境中生活，在保证老年人的生活安全的同时，降低老年人的看护成本。通过创造性地把所有的智能辅助技术加以汇总，集中安装在老年人的家中，让独居的老年人能够更好地生活。

3. 模式特色

AAL 模式集成老年人居住环境内的所有智能设备（如温度传感器、地板跌倒报警器、人体红外感应器等），帮助老年人更长久地生活在原来所熟悉的住所和环境中，有助于缓解机构养老床位不足的压力。

> 健康小贴士

腿足保健七招

腿足保健七招。

三、中国北京：无介入照护模式

1. 模式简介

无介入照护模式是北京怡凯智能技术有限公司提出并推广的一类智慧居家养老看护模式。该模式以智能传感器为基础，通过传感器和云平台全天候监测并分析老年人的体征，以无人工介入的形式为老年人提供照护和预警服务，发生异常后及时通知公司接警中心的监护人员和老年人的监护人，线下为老年人提供帮助和照护。

2. 模式运行框架

该模式的目标用户是能自主生活并且比较重视自己身体健康情况或者存在一定健康风险的老年人，通过无介入照护模式，老年人能够在不改变生活习惯的条件下，了解自己的身体健康情况，对疾病等风险提前预警。

怡凯智能无介入照护模式传感器可以分别安装在卧室、客厅、厨房、卫生间等关键活动发生的区域（图2-2-2），可以选择跌倒、睡眠、淋浴、坐便、活动和呼叫六类传感器中的若干个进行安装。传感器安装后能够检测老年人上述活动的情况，监测数据传入云计算平台进行分析，对异常情况可进行预警，并可线下派出服务人员进行对接和照护。

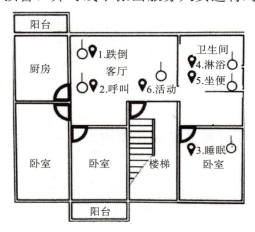

图2-2-2　无介入照护模式传感器安装示意图

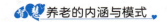

3. 模式特色

这种无介入照护模式借助独特的非穿戴式、分布式居家行为传感网络进行体征监测，不需要老年人改变生活习惯，使用门槛低，对老年人的生活几乎没有打扰；同时，又能覆盖主要的高风险、富信息量的居家活动，且具有多动作传感器关联，避免了单一传感器所可能造成的误判，结合深度学习技术，让分析结果更智能、更准确。另外，该模式不需要视频监控，能够有效保护老年人的隐私，减少老年人的心理负担。该模式还配合线上监控、线下响应方案，在老年人发生异常后，及时通知监护人员和老年人的亲友，做出响应和处理，实现对老年人的照护。

谈一谈

通过学习基于智能家居的智慧养老模式，你有什么心得体会？

_____
_____
_____
_____
_____
_____
_____

练一练

根据今天所学习的养老模式，完成表 2-4-1 中的相应内容，见 52 页。

汉蔡顺，少孤，事母至孝。遭王莽乱，岁荒不给，拾桑葚，以异器盛之。赤眉贼见而问之。顺曰："黑者奉母，赤者自食。"贼悯其孝，以白米二斗牛蹄一只与之。

"二十四孝"之拾葚异器

任务三　基于多方参与的智慧养老模式

任务背景

养老问题涉及的组织机构和人员数量比较庞大，实际上这些不同的干系人构成了一个养老生态系统。干系人（Stakeholder）主要用在项目管理中，指项目实施或完成过程中其利益可能受积极或消极影响的个人或组织（如客户、发起人、执行组织或公众）。养老的主体众多，涉及家政、送餐、维修、采购、卫生、健康、护理、康复、社区、政府等不同的干系人，其利益诉求都不一样。如果能够通过信息技术的使用有效地使这些干系人协同为老年人服务，效果可能会比较好。国内外出现了多方参与的养老模式，其特征在于有多种力量共同参与、以自组织的形式进行运营。

学习探究

一、美国：NORC 模式

1. 模式简介

NORC（Naturally Occurring Retirement Community，自然形成退休社区）模式是因为美国老年人选择居家养老、年轻人逐渐迁出社区等社会原因而自然形成的，其主要特征为社区内老年人口所占比例逐渐增大。

但这些社区在规划初期并不是专门为老年人设计的，所以，如何为这些原本并非为老年人设计的社区提供服务，并根据其特征挖掘它们自身的发展潜力，成为美国老龄化社区面临的困境。

基于此，美国曼哈顿地区在1986年首先推出了NORC模式，即自然形成退休社区的特殊支持项目，通过不断完善和发展，已经在美国30多个州开展了此类项目。

2. 模式运行框架

NORC模式主要提供四个方面的核心内容，即个人社工服务、医疗健康服务、教育娱乐服务、给老年人的志愿机会。其主要涉及四个方面的参与者：社会服务提供者、医疗健康服务提供者、房产拥有或管理者、老年居民。其组成结构如图2-3-1所示。

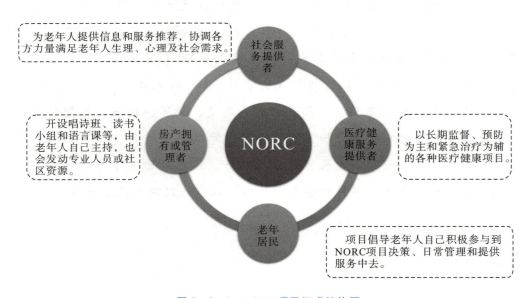

图2-3-1 NORC项目组成结构图

由于每个NORC社区具备不同的特征，所以在基本的服务框架下又会结合社区的特点进行二次扩充，例如，偏远的社区会考虑为老年人提供交通服务，周围有学校的社区可能会组织学生开展帮助老年人的志愿服务等。

NORC模式作为一个开放的环状结构，将不同的参与主体有效地组合在一起，形成了一个多主体协同治理体制。尽管每个 NORC 老龄社区支持服务项目都有它独特的运营方式，但都具有一个社区多主体协同治理的框架，即社区范围内，多元的参与主体运用公共权力，通过平等的沟通、协商、谈判、合作方式，自发地组织起来采取集体行动，以解决共同问题，实现社区利益最大化。社区养老服务的多主体协同治理框架示意图如图 2-3-2 所示。

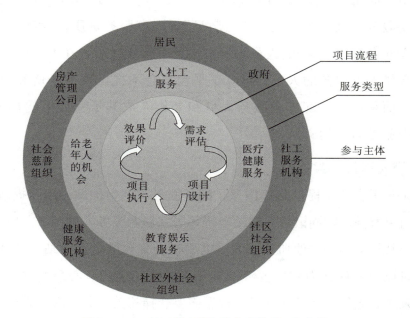

图 2-3-2　社区养老服务的多主体治理框架图

通过整合多元化的合作主体，NORC 模式非常重视具体运作项目的流程规范化，让多元主体参与到从需求评估、项目设计、项目执行和效果评价等全过程中，并特别强化需求导向的项目管理。项目在执行前都会进行全面的调研，通过采访和数据分析来确定每个社区的独特情况，例如，老年人的年龄结构、收入水平、最普遍的慢性病等，NORC 项目会根据这些分析对症下药，制订出最符合该社区需求特色的服务。

3. 模式特色

借助多主体协同治理体制，根据不同社区老年人的实际情况来调整服务类型和参与主体，让自然形成的退休社区因地制宜地开展为老服务。

该模式适用于空巢老年人比较多的老旧社区，通过分析老年人的共同特征，最大化满足老年人的服务需求。

二、美国：Honor 应用平台模式

1. 模式简介

Honor 应用平台是由美国 Honor Technology 公司开发的 App 类应用平台，主要服务对象为老年人。任何满足条件（有服务资质、年满 21 岁、提供过至少 6 个月服务等）的人员均可在平台审核通过后，在 Honor 上注册成为一名提供养老服务的人员。Honor 平台本身不提供线下场所和服务人员的支持，而是通过匹配养老服务人员和老年人或其子女线上提出的订单，完成养老服务需求的满足。

2. 模式运行框架

Honor 平台主要提供陪伴服务、配餐服务、卫生护理、用药提醒、上门照护、简单家务、陪同锻炼、辅助出行等居家养老服务，如图 2-3-3 所示。老年人或其子女第一次注册使用时，需要接受平台的电话评估，评估时间在一个小时以上，评估内容主要涉及老年人的生活能力、心理情绪、认知等。评估结束之后老年人或其子女可以根据需要选择相关服务和服务人员。

图 2-3-3　Honor 家庭护理主要服务内容图

Honor 平台主要包括养老顾问、养老专业人员、Honor 专家等。其中，养老顾问主要负责对老年人进行评估和制订护理计划；养老专业人员则是在 Honor 上注册通过的服务人员，主要由他们为老年人提供上门服务等；Honor 专家负责提供 7×24（每周 7 天，每天 24 小时）的在线电话服务支持。

作为第三方公司开发运营的平台，Honor 已经在美国加利福尼亚州、得克萨斯州、新墨西哥州等地运营。其收费已经与政府的长期照护保险、公众医疗等经费涉及的多个干系人进行了对接，精简了老年人和其子女的支付流程。

3. 模式特色

Honor 平台充分发挥了互联网时代共享经济的特征，一定程度上解决了供需双方的匹配问题。作为第三方线上平台，Honor 对申请进入的服务人员进行审核，对申请进入的老年人进行电话评估，保证供需双方信息的真实性和可靠性。

健康小贴士

吃什么食物能"补血"？

吃什么食物能"补血"？

三、中国乌镇："1＋2＋1"模式

1. 模式简介

乌镇"1＋2＋1"模式是借助椿熙堂老年服务中心，将政府、志愿组织、为老服务商等多方参与主体整合统一而形成的。该模式充分发挥了乌镇地方特色，通过设立数据平台和管理平台，将多个主体业务结合起来，方便为老年人提供更加优质的服务。

2. 模式运行框架

乌镇智慧养老模式设计为"1＋2＋1"模式，如图2-3-4所示。第一个"1"代表大数据平台，即构建一个数据中心，用于建立服务需求数据跟踪与分析体系；后面的"1"是综合管理平台，乌镇政府涉及养老的主管机构可以利用该平台完成监管、审批等功能；"2"则代表常规服务和定制服务。常规服务可以通过交互系统进行多样化选择，定制服务则可以根据个性化需求来提供。

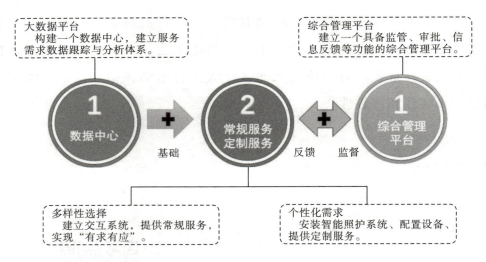

图2-3-4　乌镇模式整体结构图

在椿熙堂介入前，乌镇政府包揽了辖区内所有养老服务，但是出现了专业人员缺乏和专业知识能力匮乏的状况。椿熙堂介入后，由椿熙堂搭建了线上加线下相结合的乌镇智慧养老综合服务平台，政府通过购买椿熙堂提供的常规服务，结合老年人的需求自行定制，从而满足了老年人多元化和差异化的需求。相应地，乌镇政府的养老工作重点转移至监督第三方养老业务运作。同时，志愿者和服务商也都可以接入椿熙堂平台，各方角色联手为老年人提供服务。

3. 模式特色

通过引入第三方中介，打通了多个为老服务主体间的壁垒，让多个利益主体能够统一为养老服务的目标进行协同养老。该模式同时借助大数据平台来完成服务的匹配，提供多样化和个性化的服务，借助综合管理平台来实现服务的反馈与监管。

四、中国北京："北京通"模式

1. 模式简介

北京通（如图2-3-5所示）是北京通养老助残卡的简称，它是集社会优待、政策性津贴发放、金融借记账户、市政交通一卡通等多功能于一体的IC卡。该卡由北京市北京通养老卡数据服务中心发行、发放和运营。

图2-3-5 北京通

北京通模式是数据与工具结合的模式，数据是指通过北京通养老助残卡获得数据，由于该卡整合了原本分散在多个平台的功能，对老年人来说更加方便，还可以享受多种福利政策，因此，老年人愿意用北京通消费，政府部门就可以借此采集老年人的数据，进行数据分析，以对养老产业有一个整体的把握和监管；工具是指以数据为基础，面对不同年龄、不同使用环境下的各类客户（含各级政府）的工具化客户端，包括面向政府的市级数据管理中心等、面向企业的居家养老服务一体机构等、面向个人的北京通个人版App等。

2. 模式运行框架

北京通模式由北京市北京通养老卡数据服务中心进行推广，北京市60周岁及以上的老年人可以免费申请办理该卡，目前主要靠补贴和福利政策吸引老年人。其支付功能已与北京市多个部门（如市政交通一卡通平台、北京农商银行IC卡平台等）进行对接，政府会按月或按季度将补贴统一发放到符合政策资助的老年人卡中，老年人可以用补贴款项支付指定项目的费用，此外，老年人也可以在卡内充值并使用此卡进行普通消费。

3. 模式特色

北京通模式充分体现了大数据时代的特色，将原本分散在各个平台的消费数据整合起来，通过一张小小的卡片记录老年人方方面面的习惯与活动，为老年人提供一站式的消费体验，为企业提供获取市场的工具，为政府提供数据支持和监管渠道。因此，北京通模式是一个从源头改善老年人用户体验的三赢模式，也是一个从源头收集数据的互联网应用，为大数据管理提供了很好的基础。

谈一谈

通过学习基于多方参与的智慧养老模式，你有什么心得体会？

_____

_____

_____

_____

_____

_____

_____

练一练

根据今天所学习的养老模式，完成表 2-4-1 中的相应内容，见52 页。

周老莱子，至孝，奉二亲，极其甘脆，行年七十，言不称老。常着五彩斑斓之衣，为婴儿戏于亲侧。又尝取水上堂，诈跌卧地，作婴儿啼，以娱亲意。

"二十四孝"之戏彩娱亲

任务四　基于养老管家的智慧养老模式

任务背景

养老管家（Care Manager）是国外普遍存在的一种养老模式，该模式基于以人为本、人人交互的思想，能够个性化、专业化、有交互地为老年人提供养老服务。养老管家作为连接老年人和各类服务提供商的中介，是整个模式运营的核心，需要具备良好的道德素养和职业技能。

学习探究

一、美国：分级分类的差异化服务模式

1. 模式简介

美国波士顿地区由 Ankota 公司负责提供家庭照护服务，其打破了传统的模块化服务布局，改为分级分类的差异化服务模式，既优化了服务提供模式，又为老年人节省了资金支出。通过整合、集中各类养老服务，Ankota 公司扮演了养老管家的角色，能够根据老年人的实际情况为老年人提供和推荐服务。

2. 模式运行框架

分级分类的差异化服务模式结构如图 2-4-1 所示，包括如下四个差

· 47 ·

异化服务层次。

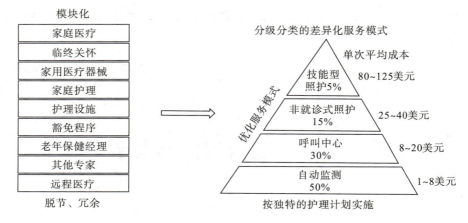

图 2-4-1 分级分类的差异化服务模式结构图

（1）最底层的交互方式为人与环境，主要是自动监测，即借助自动监测设备，收集老年人的行为、生理数据，判断老年人的异常状态，这个层次占接受服务老年人的50%，目前针对异常状态的服务单次成本为1~8美元。

（2）呼叫中心层的交互方式为人与人，老年人通过打电话来提出相应的服务需求，再由工作人员完成需求的录入和服务资源的分配。这个层次占接受服务老年人的30%，目前针对老年人电话需求的服务单次成本为8~20美元。

（3）非就诊式照护采用服务推荐的方式，通过对老年人长期服务需求的收集和分析，向老年人推荐最优匹配的照护方案，这个层次占接受服务老年人的15%，目前针对老年人需求的服务单次成本为25~40美元。

（4）技能型照护也是采用服务推荐的方式，这个层次占接受服务老年人的5%，数量最少。但是位于这个层次的老年人一般是失能老年人，需要专业护理，因而服务的单次成本很高，为80~125美元。

Ankota公司扮演了养老管家的角色，根据老年人的实际情况为老年人提供分级分类的差异化服务。

3. 模式特色

如图2-4-1的左边所示，割裂的、互相之间脱节的、冗余的服务，借助信息技术和系统，打破了服务壁垒，集成整合为一个完整的家庭护理包。通过对老年人护理服务的分级分类，能够更加容易地区分出不同老年人的服务需求，实现"推荐式"的服务提供，即在护理过程中有针对性地向老年人推荐同一层或上一层的服务内容，老年人根据自身的需求和经济条件选择接纳与否。这种方式能够提前发现老年人隐藏的服务需求，同时也能够让服务供给方更加合理地进行人员安排。

> **健康小贴士**
>
> 老年人养生菜：煎酿藕饼炒荷芹。
>
>
>
> 老年人养生菜：
> 煎酿藕饼炒荷芹

二、加拿大：SIPA 模式

1. 模式简介

整合照料（Integrated Care）也称为整合健康、协同照料、综合照料、无缝照料等，是指整合医疗护理服务和生活照料服务。

以社区为基础的整合照料模式在很多国家得到推广应用，例如，加拿大的老年人综合护理系统、美国的老年人全面服务项目、加拿大维持自理的整合服务项目、意大利 Rovereto 小镇模式等。这几种服务模式均建立在社区治理的基础上，借助专业的养老管家，辅以完善的信息系统和客户分级分类系统，为老年人提供全方位的照护服务。以加拿大 SIPA 模式为例进行分析。

2. 模式运行框架

SIPA 的整个服务模式以养老管家为基础、以老年人作为服务对象，提供基于社区的、全方位的、整合的服务。其整体服务模式如图2-4-2所示。其中，财政机构主要涉及老年人的保险金、补贴金等财政问题；志愿机构主要在社区内开展志愿服务活动；长期照护机构则主要包括长托、短托、日托等形式的照护服务；服务商则泛指第三方的老年人服务商，它们可以为老年人提供助餐、助洁、助浴等服务；而家庭医师则为老年人提供医疗保障和专业的医疗康复服务。

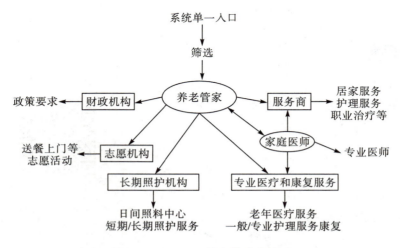

图2-4-2　SIPA服务模式结构图

SIPA的主要交互方式为人人模式，即老年人通过系统筛选出合适的养老管家后，养老管家对老年人需求制订养老服务计划，并匹配相应的服务资源来服务老年人，老年人能够尽可能地享受到最合适的服务。这种模式要求整个管理团队具备良好的IT素养，能够熟练使用系统的管理端和服务端，而老年人则不强求能够使用系统。

3. 模式特色

以社区为基础的整合照料模式充分发挥了社区治理的优势，凭借养老管家这一中介，高效整合和匹配社区范围内的各种养老和医护资源，从而不断提高养老资源的利用率，同时给老年人提供有针对性的养老服务。

谈一谈

通过学习基于养老管家的智慧养老模式，你有什么心得体会。

_____
_____
_____
_____
_____

看一看

南京：为养老服务插上"智慧的翅膀"。

南京：为养老服务
插上"智慧的翅膀"

练一练

根据今天所学习的养老模式，完成表 2-4-1 中的相应内容，见 52 页。

表 2-4-1　国内外智慧养老相关模式比较

项目分类	模式分类			
	基于远程技术的养老模式	基于智能家居的养老模式	基于多方参与的养老模式	基于养老管家的养老模式
项目名称				
所在地区				
目标用户				
项目目标				
干系人				
特色				
信息技术的应用				

项目三
智慧养老技术的应用

知识目标

1. 了解大数据、物联网、"互联网+"、区块链的概念及特点；
2. 熟悉养老在大数据、物联网、"互联网+"、区块链的需求；
3. 掌握大数据、物联网、"互联网+"、区块链在养老中的应用。

能力目标

1. 培养学生搜集资料、阅读资料、利用资料的能力；
2. 培养学生分析问题和解决问题的能力。

思政与职业素养目标

1. 培养热爱养老服务行业的职业素养；
2. 培养较好的信息素养；
3. 培养精益求精的工匠精神；
4. 努力学好专业知识，在实践中丰富和发展自己。

智慧养老的内涵与模式

后汉黄香，年九岁，失母，思慕惟切，乡人称其孝。躬执勤苦，事父尽孝。夏天暑热，扇凉其枕簟；冬天寒冷，以身暖其被席。太守刘护表而异之。

"二十四孝"之扇枕温衾

任务一　大数据技术在智慧养老中的应用

任务背景

大数据有哪些应用场景呢？

在大数据时代，养老领域面临新的挑战。大数据作为老龄化社会的重要技术手段，为养老大数据的积累提供了可靠的数据分析支持，随着"互联网+"和养老行业的不断融合，用大数据解决中国老龄问题、促进智慧养老健康发展，具有重要指导意义。

学习探究

一、大数据和养老大数据

1. 大数据的含义与特征

大数据是指无法在一定时间范围内用常规软件工具进行捕捉、管理和处理的数据集合。一般认为大数据具有五个特征：数据量大、多样性、速度快、价值密度低、真实性，如图3-1-1所示。

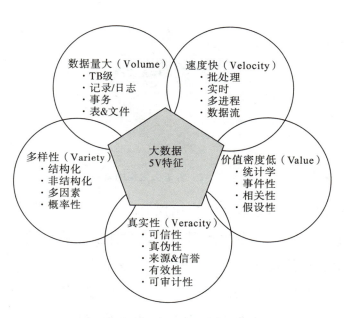

图 3-1-1　大数据的特征

2. 养老大数据的含义与类型

(1)养老大数据的含义。

养老大数据就是通过涉及老年人的物联网、移动互联网、车联网、社交网、养老服务系统等各种网络平台，以及手机、可穿戴设备、平板电脑、个人计算机等各种终端，还有安装在养老机构或老年人家中的各种各样的传感器和各类监控，获取的各种类型涉老数据。如表单记录、图片、音频、视频、地图定位、流媒体数据，主要目的是用来支持对老年人的心理和行为进行分析，对涉老的产品或服务进行更好的管理和决策，使不同的涉老干系人都有获得感，并且尽可能提升满意度。

(2)养老大数据的特征。

养老大数据具有与传统养老体系完全不同的特征，可以概括为以下四个方面，如图 3-1-2 所示。

①基于知识的服务。养老大数据体系是建立在信息采集、信息整理、信息利用和信息服务基础上的一种养老体系。对数据和信息的管理，以及对知识的升华应用是信息社会的典型特征，依托于数据、基于知识的

图 3-1-2　养老大数据的特征

增值服务是任何传统养老体系无法比拟的。

②技术的多样性。养老大数据体系是多种信息通信技术的综合利用，包括传感技术、存储技术、计算技术、通信技术、数据分析技术和人工智能技术等，这些信息通信技术的集成应用使多元异构信息汇聚和数据融合挖掘成为养老服务体系的基础。养老大数据体系的实现是多种信息通信技术的综合体现和共同支撑，不是一种或一类技术能够代表的。

③业务的综合性。养老大数据体系是综合集成的业务集群。传统养老以居家养老、社区养老、机构养老区分，而养老大数据体系依托网络和数据，脱离了空间性并模糊了时间性，它使老年人在任何时间、任何地点、任何场景下都能得到服务，满足实时性的用户需求，甚至发掘出潜在的用户需求。

④行业的融合性。养老大数据体系带动行业之间的融合与产业的集群式发展。养老大数据涉及的行业几乎涵盖所有已知的传统服务行业和以信息技术为代表的新兴产业，如智能建筑、智能家居、智慧医疗、网络金融、在线交易等。通过信息融合和数据挖掘，这些看似相距甚远的行业和领域得以交叉，产生新的业务和共享用户。

(3)养老大数据的类型。

养老大数据的类型有很多，主要包括以下几种，如图 3-1-3 所示。

①养老基础数据。养老基础数据主要包括老年人口基础数据、养老服务机构基础数据、养老服务人才队伍基础数据等。这些数据一般都是结构化数据，主要存放在当地涉老部门（如民政、卫生健康、公安等）的

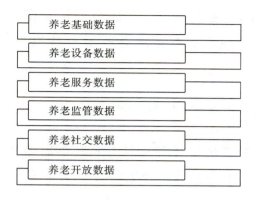

图 3-1-3　养老大数据的类型

基础数据库中。

②养老设备数据。老年人智能家居或机构安装的各种功能设备都会创建或生成大量数据。养老设备数据来自可穿戴设备、感应器、量表和其他设施的数据，以及老年人定位（如 GPS 系统或北斗系统）数据等。

③养老服务数据。养老服务数据主要包括老年人评估数据、老年人医疗健康监测与服务数据、养老补贴数据、老年人网上购物数据、老年人移动支付（如微信支付、支付宝支付）数据、老年人乘车刷卡数据、老年人 POS 机刷卡数据、老年人信用卡刷卡数据、养老助残卡交易数据等。

④养老监管数据。养老监管数据主要涉及养老院、养老照料中心、养老驿站等机构，以及社区居家养老的服务监管数据。例如，养老服务人员在进行养老服务时产生的音频、视频等数据。

⑤养老社交数据。随着信息时代的到来，越来越多的老年人不断享受信息技术带来的便利，能够使用智能手机等移动设备，开通博客、微博，使用论坛和微信的老年人也越来越多。通过信息技术和移动设备上的软件，能够记录大量数据，如通话时长、文字内容、音乐、图片和视频等，以及应用软件安装、使用和卸载的情况等。老年人使用网站、论坛、微信和其他各种应用软件的行为，理论上都可以被记录下来。

⑥养老开放数据。互联网上有各种开放数据，如政府机构、非营利组织和企业免费提供的涉老数据和各种报告等。

以上各种类型的养老大数据，可能有些是互相重叠的，如开放数据中有些就是服务数据或监管数据，有些服务数据本身也是来自设备的数据。

二、大数据在智慧养老中的应用

大数据技术在推动养老方面发挥了非常积极的作用。目前，国家政策层面支持大数据技术的发展，国家将发展大数据技术纳入国家发展计划。在国家政策的积极推动下，"大数据＋产业（行业）"的解决方案开始不断涌现，与互联网、金融保险、企业管理、政务管理、电信、教育、医疗等众多行业进一步融合。以民政部为例，民政部积极推动信息化建设，积极探索大数据技术在社会救助、慈善福利、政府治理、养老服务等方面的应用，尤其是在智慧养老方面积极尝试，有力推动了"大数据＋养老服务产业"的发展。在此背景下，加上国家对健康战略的积极推动，"大数据＋养老"解决方案也不断出现。大数据技术在养老方面的应用主要表现在以下几个方面。

1. 养老服务信息方面

目前，各养老服务机构的建设已经有了一定的基础，部分养老服务机构已经涵盖了护理、家政、救助、维修、配餐、心理关爱等领域，且数量和规模不小。但是仍然存在很多问题，诸如信息化程度低、缺乏合作交流平台、分布较为零散、服务质量参差不齐，同时这些服务机构之间缺乏合作交流，造成了一定程度的资源浪费。养老服务机构的现状使养老服务的公共数据共享成为一个难题。当然，数据共享和政府有关部门的数据开放有一定的关联，但它们在数据收集和数据使用方面存在不少障碍，技术操作方面还存在很多不足，还不能将诸如居住环境、医疗机构配比、社区（活动、养老）中心数量及分布等老龄人群的公共数据实现有效的共享与互通，造成了各机构之间"信息孤岛"的现象。这一现象，一方面造成政府治理的困境及负担，另一方面对养老服务机构及老年人的医疗养老造成很多不便，不利于医养结合的养老服务产业的高效和健康发展。

利用大数据技术，可以在地域范围内构建大数据云服务平台，各养老服务机构搭建该辖区内的大数据信息中心，实现各级机构的信息互联、接口开放。该平台通过大数据挖掘技术与分析技术，记录老年人使用服务机构、医疗机构、社区活动机构等服务的数据，然后再加以分析，有效整合区域内的信息，方便信息的共享、查阅、监督、检查等。

2. 养老服务产品方面

大数据技术的不断发展促进了养老产业的快速发展，大数据应用市场不断涌现与养老服务相结合的大数据应用及行业解决方案。虽然这些应用在性能方面出现参差不齐、应用范围狭窄、公共数据封闭的现象，并未达到理想的效果。但是不断涌现的应用产品与形成的市场竞争氛围，在理念引领、技术升级、手段丰富等方面起到了非常正面的促进作用。

3. 养老服务需求方面

随着我国养老服务机构和医疗机构条件的极大改善，老年人的数量增长迅猛。但是老年人的个性化需求，诸如个性化医疗、个性化服务及娱乐等需求，养老机构却无法满足。

大数据技术则可以弥补老年人在个性化需求方面的要求。大数据技术重在充分挖掘数据的价值，通过分析、整合行为规律，应对个体的需求。大数据挖掘技术能挖掘老年人的生活数据、医疗数据，并充分整合这些数据，对这些数据进行定期的数据分析，总结其行为规律，为有个性化需求的老年人提供优质的服务，在提高养老质量、减轻老年人家属负担方面提供诸多可能。

4. 养老服务人员方面

随着养老人口不断增加，我国护理人员出现严重不足，且护理人员的素质和水平有待进一步提高。针对以上问题，为培养高质量的专业养老人才，我国加强了高校在养老服务专业方面的建设，目前已初见成效，但是市场缺口仍旧很大。对于出现的缺口，可以通过大数据技术建设信息化平台，提升护理人员的专业能力及工作效率，使其能够更好地服务于智慧养老。

5. 养老服务应用平台方面

大数据在智慧养老中的应用需要以养老大数据系统平台为基础。养老大数据在采集与应用的过程中以老年人为中心，以信息数据为基础，围绕对个体和群体的特征描摹，纵向贯通信息的产生、采集、汇聚、存储、分析、挖掘、应用等各个阶段，横向覆盖跨部门、跨领域、跨行业的全方位业务，面向政府机构、老年人和老龄产业，提供智慧化、融合性的信息服务。养老大数据平台是系统的核心，它由养老服务大数据支撑平台、养老服务智能分析平台、养老服务运营支撑平台和养老服务应用支撑平台所组成。养老大数据平台以统一的数据接口、业务标准和信息安全管理规范，统筹整合养老业务系统和各种创新养老服务，既形成业务和技术上的共性能力，又支撑养老服务的运营管理、数据分析和业务应用，提供一系列的养老医疗服务，为方便老年人生活、建设智慧养老提供有力的技术支持。

培养医养结合人才，
助力社区养老

综上所述，大数据技术在推动我国养老服务方面，尤其在推动医养结合的养老模式方面，优势明显且意义重大。大数据技术将为我国养老模式的发展带来新的变革，目前很多地方大数据的应用已经开始落地，并显现出巨大的效应。同时，借助老年人出行大数据，还可以发现老年人消费的各种市场机会，充分发挥市场机制，促进养老产业的可持续发展。另外，微信在养老数据方面也开展了很多项目，微信大数据提供了大量老年人社交娱乐的信息，为文化、教育和娱乐方面的养老服务商提供了精准的需求信息。

由于现在正处于一个消费升级和社会转型的阶段，新一代老年人的消费习惯、生活需求都在不断地变化，这些变化是很难从以往老年群体的需求中总结出来的。大数据为人们提供了一个及时洞察、捕捉老年人新需求的可能。大数据在未来老年人生活的核心领域之一的健康管理上将大有所为，为老年人优化自己的晚年生活提供科学的依据。

项目三 智慧养老技术的应用

谈一谈

通过学习大数据技术在智慧养老中的应用，你有什么心得体会？

_____

_____

_____

_____

_____

练一练

一、单项选择题

1. 大数据是指无法在一定时间范围内用常规软件工具进行捕捉、管理和处理的（　　）。

A. 数据　　　　B. 资讯　　　　C. 数据存储　　　　D. 数据采集

2. 养老大数据是建立在（　　）、信息整理、信息利用和信息服务基础上的一种养老体系。

A. 信息采集　　　　　　　　B. 信息获取

C. 信息挖掘　　　　　　　　D. 信息发现

3. 养老大数据体系是多种信息通信技术的综合利用，包括传感技术、存储技术、（　　）、通信技术、数据分析技术和人工智能技术等。

A. 存储技术　　　　　　　　B. 拷贝技术

C. 感知技术　　　　　　　　D. 物联网技术

4. 养老大数据体系依托（　　）和数据。

A. 流量　　　　　　　　　　B. 网络

C. 关注量　　　　　　　　　D. 使用量

· 61 ·

二、多项选择题

1. 一般认为大数据具有五个特征，分别是（　　　）

A. 大量性　　　　　　　B. 多样性　　　　　　　C. 高速性

D. 价值性　　　　　　　E. 真实性

2. 养老大数据的类型有（　　　）

A. 养老基础数据　　　　B. 养老设备数据

C. 养老服务数据　　　　D. 养老监管数据

E. 养老开放数据

3. 养老基础数据主要包括（　　　）、养老服务机构基础数据、（　　　）等。

A. 老年人口基础数据

B. 养老服务人才队伍基础数据

C. 老年人出行数据

D. 老年人需求数据

晋吴猛，年八岁，事亲至孝。家贫，榻无帷帐，每夏夜，蚊多攒肤。恣渠膏血之饱，虽多，不驱之，恐去已而噬其亲也。爱亲之心至矣。

"二十四孝"之恣蚊饱血

任务二　物联网技术在智慧养老中的应用

任务背景

物联网技术被认为是互联网革命后的又一技术性革命，随着人工智能、5G、云计算、大数据等技术的发展，物联网技术已经渗透到了人们生活的方方面面，无论是在工商业、制造业，还是医疗、农业等领域，物联网技术都发挥着重要的作用。物联网技术的发展不仅给广大的企业带来了商机，也给人们的日常生活带来了翻天覆地的变化。

物联网的应用场景

当前，我国老年人口不断增加，老年人的体质较弱，患有慢性疾病的人较多，其中以危害老年人身体健康的糖尿病、高血压、高血脂、高血糖居多。因此，如何让老年人过上足不出户的养老生活，成为当前医养结合模式的重中之重。物联网技术的出现成为破解养老问题的有益途径。通过物联网可以精准定位老年人的位置，一旦出现突发情况，老年人可一键报警；智能手环不但能检测数据，还能设定安全区，老年人离开安全区时，智能手环能自动发出警报……物联网为老年人的生活提供了太多便利，那么，物联网技术是如何实现智慧养老的呢？

养老的内涵与模式

学习探究

一、物联网技术概述

(一)物联网的定义

早期的物联网是指依托射频识别技术和设备,按约定的通信协议与互联网相结合,使物品信息实现智能化识别和管理,形成物品信息互联的网络。随着技术和应用的发展,物联网内涵不断扩展。现代意义的物联网可以实现对物的感知识别控制、网络化互联和智能处理的有机统一,从而形成高智能决策。

因为物联网是新兴事物,它的概念和内涵还在更新和发展,目前业界对物联网的概念还没有明确统一的意见。有学者认为,物联网是基于互联网等传统信息载体,通过各类感知设备,如射频识别(RFID)、红外感应器、全球定位系统、激光扫描器等信息传感设备,按约定的协议将任意物品与互联网相连接,进行信息交换和通信,以全面获取环境、设施、人员信息,实现"人—机—物"融合一体、智能管控的互联网络。物联网是实现智能化识别、定位、跟踪、监控和管理的一种网络。

(二)物联网的特征

1. 物联网是各种感知技术的广泛应用

物联网上部署了海量的、多种类型的传感器,每个传感器都是一个信息源,不同类型的传感器所捕获的信息格式不同。传感器获得的数据具有实时性,按一定的频率,周期性地采集环境信息并不断更新数据。

2. 物联网是建立在互联网上的泛在网络

物联网技术的重要基础和核心仍然是互联网,在物联网上传感器定时采集的信息通过网络进行传输,由于信息数量极其庞大,形成了海量信息,需要通过各种有线和无线网络与互联网融合,将物体的信息实时

· 64 ·

准确地传递出去。在传输过程中，为了保障数据的正确性和即时性，必须适应各种异构网络和协议。

3. 物联网能够对物体实施智能控制

物联网不仅提供了传感器的连接，其本身也具有智能处理的能力。物联网将传感器和智能处理相结合，利用云计算、模式识别等各种智能技术扩充应用领域，把从传感器获得的海量信息分析、加工和处理成有意义的数据，以适应不同的需求，发现新的应用领域和应用模式。

(三) 物联网的核心技术

物联网比较关键的技术包括射频识别（RFID）技术、传感器技术、传感器网络、智能技术、纳米技术和加密技术等。

1. 射频识别技术

射频识别技术是物联网核心技术之一。射频识别技术又称无线射频识别，是一类非接触的自动识别技术，俗称"电子标签"，指的是射频信号自动地识别物品并获取相关信息，通过空间耦合实现无接触信息传送。

一个视频了解什么是 RFID 及其在物流领域的应用价值

2. 传感器技术

传感器负责物联网中的信息采集，对被测物品的某些信息具有感知和探测能力，并能根据转换规则将这些信息转换成相应的有用信号的器件或设备。对于物联网来说，如果没有针对原始信息捕获和交换的准确性和可靠性高的传感器，那么所有准确的检测和控制都将无法实现。

3. 传感器网络

传感器网络综合了传感器技术、嵌入式计算技术、现代网络及无线通信技术、分布式信息处理技术等，能够通过各类集成化的微型传感器协作，实现实时监测、感知和采集各种环境或监测对象的信息，通过嵌入式系统对信息进行处理，并通过随机自组织无线通信网络

3D 感应技术

以多跳中继方式将所感知信息传送到用户终端，从而真正实现"无处不在的计算"理念。

4. 智能技术

人工智能未来会走向何方？

智能技术通过在物体中植入智能系统，使物体具备一定的智能性，能够主动或被动地实现与用户的沟通。其为了有效地达到某种预期，而采用各种方法和手段。智能技术主要体现在人工智能、先进的人机交互技术与系统、智能控制技术与系统、智能信号处理的研究等方面。

5. 纳米技术

纳米技术会给我们的生活带来哪些改变？

纳米技术是动态科学、现代科学和现代技术结合的产物。纳米技术的优势在于用纳米材料制作的器材重量更轻、硬度更高、寿命更长、维修费更低、设计更方便，这意味着物联网中体积越来越小的物体能够进行交互和连接。

6. 加密技术

1974年，人类给外星人发了一条加密消息！

物联网应用的日益普及，使得它所涉及的安全问题越来越突出。加密技术是最常用的安全保密手段，是指利用技术手段把重要的数据变为乱码（加密）传送，到达目的地后再用相同或不同的手段还原（解密）。

二、物联网在智慧养老中的应用

随着我国科技水平及其使用领域的不断发展，物联网已经悄悄深入到了人们日常生活的各个领域，其中就包括老年人生活和养老服务领域，以智能化为代表的物联网技术是解决我国养老问题的重要途径。实际上，智慧养老便是物联网在养老服务上的具体应用。

（一）在养老生活与健康服务中的应用

物联网技术打破了时间和空间的限制，给老年人的生活与护理带来了全新的、革命性的变化。

下面从定位服务、生命体征监测、智能呼叫等方面阐述物联网技术在老年人的生活与健康服务中的应用。

1. 定位服务

老年人由于记忆力减退及疾病的影响，在外出时很容易迷路甚至走失，物联网技术可以准确地帮助工作人员或者老年人的子女找到老年人，实现实时追踪。当老年人外出迷失方向时，老年人可按下呼叫终端的紧急呼叫键，智能养老平台能迅速定位老年人所在的位置，子女也可以主动查询到老年人的位置，方便养老机构工作人员及老年人的子女获知老年人的当前位置。

2. 生命体征监测

对于居家养老来说，生命体征监测模块适用于独居老年人、空巢老年人。该模块利用先进的、精密的可穿戴设备，持续多方面地监测老年人的生命体征，并根据所得到的资料进行综合分析。如果监测到生命体征异常，该模块会发送信息给服务中心工作人员，使工作人员能够及时采取相应的治疗措施，从而达到挽救老年人生命、治愈其疾病的目的。

对于机构养老来说，随着养老机构规模的扩大、入住老年人数量的增加，养老机构中的工作人员将很难实时地看护每一位老年人。因此，当老年人发生意外时很难在第一时间得到救护，若错过最佳的救护时间，可能造成严重后果，甚至危及老年人的生命安全。养老机构借助包括加速度传感器、脉搏传感器在内的传感器技术，能够实时监控老年人的生命体征，当发生紧急情况时能及时提示养老机构中的工作人员。工作人员在位置服务功能模块的帮助下可第一时间找到老年人，然后对其进行相应的救护，从而确保老年人的生命安全。

3. 智能呼叫

智能呼叫模块包括智能求救和智能求助。当出现紧急、重大的事情时，如老年人突然生病、家中着火等，老年人按下按钮，服务中心客户端的主界面会出现老年人的呼叫求救信息列表，服务中心的工作人员可以在第一时间对老年人实施救助。

借助智能呼叫服务，老年人在需要护理或者遇到紧急情况时，可以通过语音直接与服务中心的工作人员沟通交流，工作人员在获得有效信息后及时满足老年人的护理要求。同时如果老年人请假外出，也可以通过此项服务与养老机构中的工作人员或者老年人的家属进行语音通话，以便获得更多、更有效的信息，增强了养老机构管理服务的人性化水平。

（二）在居家养老护理中的应用

社区居家养老服务是现代养老服务体系的依托和基础，在我国养老服务体系中发挥着基础性的作用。物联网技术在社区居家养老服务中的应用，主要是依靠先进的信息技术手段和先进的移动服务终端，实时获取老年人的相关信息与需求，为老年人提供快捷、高效、智能化的私人订制型养老服务。其中最主要的是对老年人的日常生活与行为进行监控，以确保老年人的健康安全，这主要包括健康智能监控、家居智能监控和外出智能监控。

健康智能监控是为每一位老年人佩戴或植入电子感应芯片，随时收集老年人的健康信息并监控其健康状况，通过无线网络将相关信息传输到社区或政府养老服务信息中心，这些信息还会同时传给老年人的家属，并与相关的健康管理部门分享。如果信息显示老年人的身体健康状况出现异常，尤其是出现紧急情况时，信息管理系统会及时提醒养老服务信息中心的工作人员、老年人的家属及相关的健康管理与应急处理部门，以便及时采取有效的救治措施。

家居智能监控是指通过物联网技术对老年人的家居情况进行智能监控，如很多老年人记性不好，容易忘记关煤气、水、电等，家居智能监控系统则会实时提醒老年人及时关闭这些设备，而在系统提醒一段时间后仍无人响应时，系统将会进行相应处理，自动将其关闭；如果厨房煮的东西长时间无人问津，装在厨房里的传感器便会发出警报，提醒健忘的老年人；如果老年人已经外出，传感器发出一段时间警报还是无人响应的话，煤气便会自动关闭；如果老年人在家中摔倒，地面安装的安全传感器就会及时通知养老信息服务系统和此前协议约定的医护人员及老年人的家属。家居智能监控系统还会根据老年人的身体状况智能调节居室的温度、湿度和亮度等，还可以根据老年人的个人喜好播放喜爱的音乐等。

很多老年人由于记忆力丧失严重，外出时很容易走失，而外出智能监控则是有效防止老年人走失的"神器"。老年人佩戴或植入的电子感应芯片可以随时监控老年人的活动情况，使随身物品智能化，防止物品丢失，而且还可以通过 GPS 定位系统随时跟踪并定位老年人的具体位置，实时了解老年人的动向。而且老年人走失时可以使用随身佩戴的 SOS 呼叫工具，直接呼叫其家属或相关服务人员，家属或相关服务人员通过手机下载的 App 来实时定位老年人的移动轨迹和具体位置。

（三）在机构养老护理中的应用

与在社区居家养老服务中的应用一样，物联网技术在机构养老服务中也有重要用途。云端管理系统、实体服务信息系统与其在社区居家养老服务中一样，也可以服务于入住养老机构的老年人，从而打造一个温暖、舒适、人性化的养老院。目前我国不少中高端老年公寓都实现了智能信息化服务，甚至老年人们可以随时随地通过手机客户端、平板电脑、电话等手段订餐和预约各种服务。医护人员则可以利用平板电脑通过无线网络将老年人的病例信息、医嘱、病情观察信息等在房间的床头集中汇总展示，实现移动的医护保健。养老院安装智能床垫和防跌倒装置等设备，可以随时记录老年人的血压、心率、睡眠质量、失禁状况等生命体征数据，还能在老年人夜间活动和跌倒等事件发生时第一时间通知护理人员，响应老年人的需求。具体应用包括以下几个方面。

1. 老年人的健康监测

手腕式血压计、手表式 GPS 定位仪等不仅能随时随地监测老年人的身体状况，也能知晓他们的活动轨迹。给家中的厕所进行改装后，系统便会自动监测老年人的尿液、粪便等，老年人在上厕所的同时完成了医疗检查，系统监测到的数据将直接传送到协议医疗单位的老年人电子健康档案中，一旦出现数据异常，智能系统会自动提醒老年人及时体检。

2. 老年人的定位与跟踪

老年人定位设备是一种有定位功能、防止老年人走失、有效保证老年人健康的仪器，使用起来非常方便。目前阿尔茨海默病、抑郁症、脑梗死等疾病频发，导致老年人走失警情增多，因此有必要使用老年人定位设备。如定位手环，老年人拿到定位手环后只要在电脑终端平台上或者以发送短信的方式设置铃声、亲情号码，之后便可以随身携带了，不管是挂脖子上还是放口袋里都是可以的。

手环的维护后台加入了微信扫描、资料建库、精准定位、隐私保密等几大功能。每个二维码都根据老年人信息一对一定制，包含了老年人的基本信息并关联了紧急联络人。只要有人扫描二维码点击救助选项，后台就会收到信息并及时推送到相关紧急联络人的手机。扫描者从始至终不会接触到老年人及紧急联系人的信息，同样紧急联系人也不会知道扫描者的信息。

3. 老年人生活环境的远程监控

如果老年人走出房屋或摔倒，智能居家养老系统中的智能设备能立即通知医护人员或其亲属，使老年人能及时得到救助；当老年人因饮食不节制、生活不规律而带来各种亚健康隐患时，智能居家养老设备的服务中心也能第一时间发出警报；智能居家养老设备的医疗服务中心会提醒老年人准时吃药和平时生活中的各种健康事项；老年人住所内的水龙头如果 24 小时都没有开启，报警系统就会通过电话或短信提醒老年人的亲属。

(四)在养老社区中的应用

养老社区是供老年人集中居住及生活的场所，是专门为老年人建造的生活设施齐全、公用设施（如医院）配套完善的社区。它提供医疗保健、文化娱乐等全方位服务，以满足老年人基本的生活需求。养老社区智慧化系统建设具有适用、安全、便捷、节能、舒适、现代化、数字化、智能化的特点。其建设主要依靠物联网技术，物联网技术可以实时跟踪老年人的活动轨迹，分析老年人的肢体活动特征，为老年人提供便捷的通行方式和便利的服务，其应用特点主要包括以下两个方面。

1. 人身安全监护方面

人身安全监护功能规划包括人员定位和异常报警或求助。人员定位通过社区配置无线覆盖系统，每个老年人身上佩戴无线信号发射器和接收器，老年人在社区内的活动将被系统定时定位跟踪，方便老年人在需要帮助时工作人员能找到他们。异常报警或求助是指老年人身体感到不适时，可通过随身佩戴的设备（紧急按钮）发送信息到监控中心，监控中心可以通过无线定位系统联动就近的摄像机，查看老年人的状况并迅速派人处理。

2. 生活便利方面

生活便利方面主要指一卡通服务，老年人使用一卡通开启门厅、电梯和门锁，还可以使用一卡通在社区刷卡消费，免去携带现金的麻烦。

(五)基于物联网的智能养老系统

智能养老系统基于物联网技术，在居家养老设备中植入电子芯片装置，使老年人的日常生活处于远程监控状态。其中记录了老年人的名字、地址、联系电话、儿女和亲属电话、所在社区、病史、历史需求记录等信息。智能养老服务系统平台包含养老服务中心、民政局、街道办、社区服务中心四个业务角色，民政局、街道办、社区服务中心通过专用网络建立高效联动机制。

根据社区内老年人的情况，为加入社区呼叫系统的老年人发放老年人专用手机或其他呼叫中心养老平台终端，并将采集到的老年人档案信息上传于系统内。当老年人拨打"养老服务中心服务统一电话号码"时，服务中心电脑上就会弹出老年人的信息、老年人在家需要的服务。老年人有病求救时，通过手机上的指定按键即可向社区呼叫平台发起服务请求，智能养老服务中心电脑上会弹出老年人的信息，智能养老服务中心根据老年人的需求，向街道办和社区服务中心下派工单，根据用户情况，工单可以有多种下派方式，如电话、短信、网络等；街道办或者社区服务中心接到工单后，安排人员上门服务或者紧急救援；智能养老服务中心及时回访老年人，确认服务执行情况及用户满意程度。在整个智慧养老服务过程中民政局（街道办）具有对下级单位进行监督、管理、工作任务指派、工作指导等职能，社区服务中心（街道办）可以向上级单位做工作请示。新加入的老年人的信息由社区服务中心登记核实并备份好资料后上报街道办，街道办上报民政局审核。

谈一谈

通过学习物联网技术在智慧养老中的应用，你有什么心得体会？

看一看

广东、深圳借力 5G 技术打造智慧养老系统。

广东、深圳借力 5G 技术打造智慧养老系统

练一练

一、单项选择题

1. 物联网可以分为（　　）三层应用。

　A. 感知、网络、应用　　　　　B. 物理、会话、应用

　C. 接入、网络、应用　　　　　D. 感知、会话、应用

2. 物联网起源于（　　）。

　A. 传感器网络　　　　　　　　B. 传感器网络和射频识别

　C. 射频识别　　　　　　　　　D. 人工智能

3. 物联网技术的人身安全监护应用包含（　　）。

　A. 血压监测、心电检测　　　　B. 心率检测、血压检测

　C. 人员定位、异常报警或求助　D. 异常报警

4. 在物联网传输过程中，为了保障数据的正确性和即时性，必须适应各种（　　）网络和协议。

　A. 异构　　　B. 同构　　　C. 不同　　　D. 相同

二、填空题

1. 物联网的核心技术有_____、_____、_____、_____、_____、_____。

2. 射频识别技术是物联网_____之一。

养老的内涵与模式

3. 传感器网络综合了_____、嵌入式计算技术、现代网络及无线通信技术、_____等。

4. 纳米技术是_____、现代科学和_____结合的产物。

周闵损，字子骞，早丧母。父娶后母，生二子，衣以棉絮；妒损，衣以芦花。父令损御车，体寒，失纼（zhèn）。父查知故，欲出后母。损曰："母在一子寒，母去三子单。"母闻，悔改。

"二十四孝"之芦衣顺母

任务三 "互联网＋"技术在智慧养老中的应用

任务背景

"互联网＋"养老服务是近些年出现的新事物。作为养老服务业的一种升级形态，"互联网＋"养老服务既可以是通过对传统养老服务业的升级改造而形成的新的"互联网＋"养老服务业，也可以是养老机构、社区、居家养老服务中心运用"互联网＋"技术手段开展的养老服务，还可以是互联网运营机构运用自己的网络信息平台开展的养老服务。那么，什么是"互联网＋"养老服务呢？

学习探究

一、"互联网＋"的含义及特征

1."互联网＋"的含义

"互联网＋"代表一种新的经济形态，是指以互联网为主的一整套信息技术，如移动互联网、云计算、大数据等技术在经济、社会生活中的扩散、应用过程。"互联网＋"中的"＋"可以看作是连接与融合，互联网与传统企业之间的所有部分都包含在这

"5G＋工业互联网"助力中国制造变"中国智造"

个"+"中，即"互联网+各个传统行业"。但这并不是简单的两者相加，而是利用信息通信技术及互联网平台，让互联网与传统行业进行深度融合，创造新的发展生态。

2. "互联网+"技术的特征

"互联网+"技术的特征主要包括以下六个方面，如图3-3-1所示。

图3-3-1 "互联网+"技术的特征

（1）跨界融合。"互联网+"应用比较多的是在传统行业，这些行业和互联网之间的跨度很大，两者能够融合到一起是一种创新。行业之间的融合也可以说是客户从消费转化为投资的一个过程，大家共同参与创新。

（2）创新驱动。我国最早的资源驱动是粗放型的，但是这种方式现在已经落伍，需要转变方式才能发展下去，创新驱动这种方式能够很好地促进发展。用互联网思维来改变目前的境况，达到创新的目的。

（3）重塑结构。以前的社会结构、经济结构、文化结构和地缘结构，正在慢慢地被信息化、全球化、互联网化打破。社会治理也开始向互联网和虚拟技术的方向靠近。

（4）尊重人性。人性的光辉是推动科技进步、经济增长、社会进步、文化繁荣的最根本的力量，互联网的强大力量的根本也来源于对人性最大限度的尊重、对人体验的敬畏、对人创造性发挥的重视。

（5）开放生态。"互联网+"是一种开放式的生态，"互联网+"的推进可以把制约创新的环节进一步优化，让创业者有更多的机会去创新、去创造。

（6）连接一切。连接是有层次的，可连接性是有差异的，连接的价值相差较大,但是连接一切是"互联网+"的目标。

二、"互联网+养老服务"

1. "互联网+养老服务"的含义

"互联网+养老服务"是以互联网技术为创新手段,通过自我变革和自我创新,实现"互联网+"与养老产业的深度融合,积极推动养老产业的供给侧结构性改革,提高有效供给,进而改善养老服务的方法。"互联网+养老服务"模式的核心就是凭借互联网技术,结合云计算和大数据等处理方式,把互联网技术融入传统养老服务中,从而有效地调动社会资源,全力服务老龄化群体,为老龄化群体提供更为多彩的、更为多样的养老产品和服务,满足老年人多元化、多层次的养老需要,创造出全面的、系统的、联动的、有特色的养老服务新方法。

宁夏发布首个"互联网+养老服务"智慧康养新模式

2. "互联网+养老服务"的优势及作用

"互联网+"技术的推广与普及为智慧养老产业提供了发展方向。互联网技术对养老服务业的推动作用主要在于利用技术手段实现"线上"和"线下"的有机结合,通过打通供需之间的信息渠道、缩小交易时间和交易成本、优化资源配置等手段,有效破解传统养老服务模式所面临的结构性矛盾。因此,互联网技术与传统养老服务的有机融合成为未来发展的必然趋势。其优势主要表现在以下几个方面。

第一,"互联网+"可以在供给和需求上搭建信息桥梁,使养老服务供求匹配更加精准。

第二,"互联网+"发展模式可以大大缩短供给和需求之间交易所需的时间和成本,使养老服务机构提高服务效率,为老年人提供廉价优质的服务。

第三,"互联网+养老服务"模式可以明确政府责任边界。政府借助大数据平台，有效调动社会资源，优化资源的配置方式。

另外，"互联网＋"运用于养老服务，对养老服务的质量和水平可以产生多方面的促进作用，主要表现在以下几个方面。

首先，通过互联网技术手段，尤其是养老服务信息平台整合养老服务资源，可以弥补单一的居家养老、社区养老、机构养老资源存在的不足，为老年人提供更多、更充分的选择，更好地满足老年人多层次、多元化、个性化的养老服务需求。

其次，"互联网＋"运用于养老服务，有助于建立和完善养老服务监督机制。互联网作为一个开放社会，借助于养老服务信息平台和其他技术手段，可以实现养老服务供给方、养老服务直接提供方、老年人及其家属的无缝对接。养老服务机构和企业可以及时了解到老年人及其家属对服务的评价和反馈，从而补短板、强弱项，改进服务，提高服务质量和水平，使老年人获得的服务更加低价、高效、优质。

最后，"互联网＋"运用于养老服务，有利于提高服务效率。一方面，通过建立养老服务信息平台，真正实现养老服务供需信息的有效对接和相互匹配。养老机构和企业、社区、社会服务组织可以准确地定向服务老年人，老年人也可以准确地定向寻找自己所需要的养老服务，从而大大地减少了中间环节，及时满足老年人多层次、多元化和个性化的养老服务需求。另一方面，借助"互联网＋"可以有效地提高养老服务机构和企业的管理效率。借助互联网等信息化手段，可以大幅度节省信息处理的时间，减少过多的管理环节，从而有效提高管理的效率。

健康小贴士

老年人起床"三步曲"。

老年人起床"三步曲"

三、"互联网+"技术在智慧养老中的应用

养老遇上"互联网+"技术，展现的是养老产业的新图景，也让传统"中国式养老"的蜕变有了更多的可能性。国务院出台的《关于积极推进"互联网+"行动的指导意见》明确提出"促进智慧健康养老产业发展。依托现有互联网资源和社会力量，以社区为基础，搭建养老信息服务网络平台，提供护理看护、健康管理、康复照料等居家养老服务"。

(一)"互联网+"技术在养老中主要解决的问题

1. 解决养老服务供需不均衡的问题

目前，我国智慧养老服务供需不平衡的现象比较严重，主要表现在智慧养老服务供给服务需求和服务利用之间落差明显，养老服务供不应求和供过于求的情况同时存在。由于没有深入挖掘养老服务的需求信息，再加上服务信息传递中的障碍，服务信息不能被服务对象熟知和理解，服务供需不能有效对接，老年人的部分需求得不到及时有效的满足。还有一些服务的利用率低导致资源闲置甚至浪费，这使得养老服务链的供给、输送和利用三个阶段都出现信息交流不通畅的现象。养老服务供需信息不对称和信息传递的滞后性是目前智慧养老服务供需不平衡的主要原因。

2. 解决养老服务资源碎片化的问题

在养老服务发展的过程中，养老服务资源出现了碎片化的问题，主要表现在以下几个方面。

(1)养老资源缺乏连接与整合。养老资源特别是社区养老资源通常归属不同的社区，各个社区之间的资源缺乏调配平台且不对外开放，使得养老资源无法在各个社区之间自由流动，导致资源浪费与利用率低下。

(2)各个养老服务主体之间沟通、互动不足。政府、社会组织、市场、家庭等多元主体之间互动不足、缺乏沟通，社区作为养老服务多元合作的平台，没有很好地发挥功能，各主体掌握的软硬件资源尚未实现

实时性连接。

（3）养老服务项目采取分级分类的管理模式，难以实现资源的共享与合作。养老服务涉及的生活照料、医疗保健、康复护理、家政服务、精神慰藉等项目分属于不同行政管理部门主管的不同服务项目。如民政部门负责生活照料、家政服务、社会工作等；卫生部门负责医疗服务、保健、康复等；工商部门负责家政服务等。不同的行政管理体制难以实现资源的共享与合作。

3. 解决养老服务管理部门协同治理难的问题

智慧养老服务管理部门存在协同治理难的问题，难以形成统一的协调机制。提高智慧养老服务管理的效率和效能，变革政府行政管理体制，发挥多网融合等信息化技术和手段，实现政府对养老服务管理的信息化、集成化。政府将大数据、移动互联网、云计算等技术运用到日常养老服务的管理中，协调各行政管理部门，逐渐提升服务管理的深度和管理水平。

（二）"互联网＋"在智慧养老中的应用内容

1. "互联网＋"社区养老服务

"互联网＋"社区养老服务的重点是搭建养老信息服务网络平台，提供护理看护、健康管理、康复照料等社区居家养老服务。其主要手段是运用互联网技术手段，整合社区内各种养老服务资源，为社区内老年人提供全天候的养老服务。目前，国内许多城市进行的智慧养老社区或智慧健康养老示范社区建设试点就属于这一类型。

2. "互联网＋"居家养老服务

浙江：智慧居家养老
让老年人乐享晚年

"互联网＋"居家养老服务运用互联网、物联网、大数据，以及智能化产品、健康监测可穿戴设备、健康养老移动应用软件等技术手段，把居家老年人的健康数据及地理位置等信息实时上传养老服务信息平台，与政府、医院及其他社会养老机构的数据融合，实现 24 小时远程全方位监控。老年人可以通过养老服务信息平台选择日常购物、预约看病、家政上门等服务。"互联网＋"居家养老服务的应用，一方面通过智能硬件，重点推进老年人健康管理、紧急救援、精神慰藉、服务预约、物品代购等服务，开发更加多元且精准的私人订制服务。另一方面加强智能软硬件设计和开发，以满足老年人日益多层次、多样化、个性化的居家养老服务需求。

3. "互联网＋"机构养老服务

"互联网＋"机构养老服务主要是养老服务机构应用基于移动互联网的便携式体验、紧急呼叫监控等设备，以提高养老机构服务水平。通过运用互联网技术手段，对传统的养老机构进行改造，实现机构养老的转型升级。目前，一些规模稍大的养老机构都在开展智能化养老服务。例如，利用大数据产业，建设大数据基地，搭建医养平台。平台可以整合地区乃至全国的养老服务机构、医疗机构、家政机构、旅行目的地等资源，通过线上订单、线下体验的方式，为老年人提供包括生活照料、健康管理、教育培训、精神慰藉、旅居服务等方面的养老服务，覆盖到老年人生活的各个领域，有效解决老年人居家养老无人陪伴、机构养老医疗差、看病难等问题。

智慧养老！上海虹口
这家养老院实现
"无感化"安全管控

4. 互联网养老院

互联网养老院也被称为智慧养老院、虚拟养老院、没有围墙的养老院。这一模式是通过构建互联网养老服务信息平台，实现居家老年人的养老服务需求与社区、医疗机构、养老服务机构和企业、志愿服务组织等养老服务供给的无缝衔接，促进社区养老、居家养老、机构养老的深度融合与发展。通过互联网，可以把千千万万的养老服务机构和企业、医院、社区、社会组织和政府的养老服务供给，同广大老年人多样化、多层次的养老服务需求有效地对接起来，为老年人提供个性

智慧健康养老
打造没有围墙的养老院

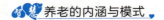

化的养老服务。

谈一谈

通过学习"互联网+"技术在智慧养老中的应用,你有什么心得体会?

_____
_____
_____
_____
_____

看一看

北京:百年大栅栏探索"智慧养老"新途径。

北京:百年大栅栏探索
"智慧养老"新途径

练一练

一、单项选择题

1."互联网+"背景下传统产业转型升级,(　　)成为互联网与传统产业结合的重要趋势,也是"互联网+"发挥重要作用的立足点。

　　A. 跨界制造　　B. 跨界融合　　C. 跨界生产　　D. 跨界销售

2."互联网+"社区养老服务的重点是(　　),提供护理看护、健康管理、康复照料等社区居家养老服务。

　　A. 搭建养老信息服务网络平台　　B. 建设智慧养老

C. 应用互联网技术　　　　　　D. 建设养老社区

3.（　　）是将计算任务分布在大量计算机（服务器）构成的资源池上，使各种应用系统能够根据需要获取计算力、存储空间和各种软件服务。

A."互联网＋"　B. 大数据　　　C. 云计算　　　D. 人工智能

4."互联网＋"核心是（　　）的净化与扩展。

A. 物联网　　　　B. 互联网　　　C. 大数据　　　D. 智能终端

5. 互联网思维中最重要的是（　　）。

A. 极致思维　　　B. 创新思维　　　C. 改革思维　　　D. 用户思维

二、填空题

1."互联网＋"技术的特征主要包括_____、_____、_____、_____、_____、_____六个方面。

2. "互联网＋"是指以_____为主的一整套信息技术，如移动互联网、云计算、大数据等技术在经济、社会生活中的扩散、应用过程。

3."互联网＋养老服务"模式的核心就是凭借_____，结合云计算和_____等处理方式，把互联网技术融入传统养老服务中。

智慧养老的内涵与模式

后汉陆绩，年六岁，于九江见袁术。术出桔待之，绩怀桔二枚。及归，拜辞堕地。术曰："陆郎作宾客而怀桔乎？"绩跪答曰："吾母性之所爱，欲归以遗母。"术大奇之。

"二十四孝"之怀橘遗亲

任务四　区块链技术在智慧养老中的应用

任务背景

随着我国老龄化人口基数的不断增长，养老与养生服务机构数量也在不断增加，大量的数据问题与管理问题亟待解决。区块链技术的引进，将在保护数据安全的同时提高管理效率，改善中老年人群养老体验，促进行业的良性循环。

学习探究

一、区块链概述

（一）区块链的含义

通俗地说，区块链技术是一种系统内全体成员参与记账的一种方式。在区块链系统中，系统会把通过网络进行交易的产品或服务的信息生成数据块，每一个数据块中不仅包含该交易信息，也包括交易商品或服务的来源信息，以及交易的时序信息，从而使数据块之间形成一个链。这些信息形成账本内容，发送给系统内所有的其他人进行备份，这样系统中的每个人都有了一本完整的账本，我们将这种方式称为区

一分钟看懂区块链

· 84 ·

块链技术。

区块链是分布式数据存储、点对点传输、共识机制、加密算法等计算机技术的新型应用模式。其实现原理是利用区块链让系统中的任意多个节点把一段时间内系统交互的数据，通过密码学算法计算并记录到一个区块中，并且生成该区块的指纹用于验证和连接下一个区块，系统所有参与节点共同认定记录的真实性。

(二)区块链的类型

区块链根据参与主体或服务对象的不同，可以分为公有链、私有链和联盟链，如图3-4-1所示。

图3-4-1　区块链的类型

公有链最早出现，是最能体现区块链理念的一种类型。它完全对外公开公有链上的数据，网络上的所有人都可以访问，同时所有人都可以发出自己的交易并等待写入区块链中。公有链是真正具备完全去中心化特征的区块链，能够在去信任化的网络环境中快速建立共识，形成去中心化的运行机制，并且交易信息不可篡改。

私有链网络仅在私有组织内部使用，按照私有组织规则来制定用户在链上的读写权限和记账权限。私有链是指对单独的实体开发的区块链，是开放程度极低的一种类型，参与的节点只有实体内部的成员，数据的访问和使用有严格的权限管理，是存在一定的中心化控制的区块链。私有链可有效防范来自内部或外部对数据的安全攻击。

联盟链指对特定的联盟成员开放，按照联盟规则来制定用户在链上的读写权限和记账权限。参与区块链的节点是事先选择好的，节点之间可以实现资源与信息的共享与互认。例如，地区大学之间建立大学联盟链，上链学校的学生可以互相选择链上其他学校的课程，并且学分互相认可。

(三)区块链的特点

区块链：互联网的信任证书

区块链的本质是一个对参与者公开透明的可信赖的账本系统，它能安全地存储交易数据，并且不需要任何中心化机构的审核。区块链技术有如下特点，如图3-4-2所示。

图3-4-2 区块链的特点

1. 交易去中心化

去中心化是区块链最基本的特征。在传统的中心化网络中，对一个中心节点进行攻击就有可能破坏整个系统，而去中心化的网络采用分布式记录、分布式存储和点对点通信，任意节点的权利和义务都是均等的，系统中的数据块由所有节点共同维护。这样就避免了被某个人或机构操纵，任一节点遭受攻击或停止工作，都不会影响整个系统的运行。

2. 交易去信任

去信任是指不用考虑交易伙伴是否值得信任，而是人们都信任这个区块链应用系统，这个系统是基于算法的、值得信任的可信系统。所以，这里的去信任是去掉对交易伙伴的信任，前提是系统是可信的。这个规则基于共识算法而不是信任，因此在系统指定的规则范围和时间范围内，节点之间不能也无法欺骗其他节点，自然无须任何第三方介入。

3. 信息不可篡改

交易的数据信息一旦被写入区块中就不能更改与撤销。交易的账本如果在中介组织手上，造假的可能性就会存在。但如果系统中每个人手里都有一本账本，除非某个人掌握了系统中51％的节点或者说服了整个系统中超过51％的人都同时更改某一笔账目，否则篡改都是无效的。另外，即使某个人手里的账本丢失或损坏，由于其他人手里都有副本，完全不用担心数据丢失，可以在下一个时间节点复制即可得到全部数据。

4. 共识机制

共识机制是指所有记账节点之间根据规则达成共识，来选择和认定记录的真实性和有效性，它是区块链运行的基础。如果想要修改某个区块内的交易信息，就必须将该区块和该链条后面所有区块的信息进行修改。这种共识机制是交易数据记账的基础，可以避免虚假交易和信息篡改。

5. 信息可溯源

交易的数据信息在极短时间内会被打包成数据块，然后会被复制到区块链系统中的所有节点，实现全系统内的数据同步。每个节点都能回溯交易双方过去的所有交易信息，每次交易的产品或服务的来源也是可以清晰回溯的。正是由于这个特点，区块链在物流管理和供应链管理中得到了很好的应用。

6. 资产上链

区块链是交易数据的区块连接成的链条。资产上链就是指资产信息能够在链条中记录，这也是区块链运行的基础。例如，水果是否使用农药、使用多大的剂量，可以将使用的配方和配置过程拍照给购买方，这些服务信息可以通过区块链系统记账，形成一条不可篡改的信息链，从而形成一种去中心化、自动信任的交易模式。实体资产信息建模上链将会彻底改变整个价值流通，从而优化生产关系，解放生产力。

(四)区块链面临的挑战

1. 受到现行观念、制度、法律制约

区块链去中心化、自我管理、集体维护的特性颠覆了人们的生产生活方式，淡化了国家监管概念，冲击了现行法律安排。对于这些，世界

各国缺少理论准备和制度探讨。即使是区块链最成熟的应用，不同国家持有的态度也不相同，不可避免地阻碍了区块链技术的应用与发展。

2. 在技术层面尚需突破性进展

区块链应用尚在实验室初创开发阶段，没有直观可用的成熟产品。相比于互联网技术，人们可以用浏览器、App等具体应用程序，实现信息的浏览、传递、交换和应用。但区块链明显缺乏这类突破性的应用程序，面临着高技术门槛障碍。

3. 竞争性技术挑战

虽然有很多人看好区块链技术，但也要看到推动人类发展的技术有很多种，哪种技术更方便、更高效，人们就会应用该技术。如果在通信领域应用区块链技术，通过发信息的方式每次发给全网的所有人，但是只有那个有私钥的人才能解密打开信件，这样信息传递的安全性会大大增加。同样，量子技术也可以做到，量子通信利用量子纠缠效应进行信息传递，同样具有高效安全的特点，近年来更是取得了不小的进展，这对于区块链技术来说面临着很大的挑战。

健康小贴士

老年人心理养生的关键是什么？

二、区块链在智慧养老中的应用

区块链为解决养老中的一些难题提供了一个强有力的工具。传统的养老服务业大都是信息孤岛，各自统计各自的数据，完成后是一个个独立的中心账本。同时存在老年人个人信息泄露，健康数据泄露，检测数据错乱，跨行业、跨领域、跨机构服务监管困难等现象和风险，这些都是养老服务业不可回避的新难题。在未来的养老服务业这个大领域，很多细分场景有着数据透明和不可篡改的要求，因此养老场景非常适合区块链技术的落地。

区块链理论上能将个体乃至群体的数据进行收集、总结、分析、实时存储与共享，为政府部门、养老相关机构和企业提供精准的大数据服务。由于它的三个显著的特点（去中心化、可追溯、不可篡改），区块链解决了养老健康数据在传输与保存过程中的安全及数据共享等问题，能够实现对健康数字资产全生命周期的完整记录并永久保存。在健康数字资产流经整个供应链的时候，无论是老年人的健康记录，还是照护人员的照护服务记录、医疗服务记录等都清晰可见。根据区块链特点的阐述，将区块链应用到智慧养老主要体现在分布式记账与存储、养老服务与智能合约、安全信息机制与隐私保护、智养链的建立、区块链技术追踪与养老金融领域、医护资格认证、养老供应链这七个方面的潜在应用。

（一）分布式记账与存储

为缓解养老问题，国家推出以房养老的政策。以房养老是面向特定人群解决养老问题时的一种有效方式。但由于相关法律法规不健全，以房养老在国内推行面临着很多的现实困境。区块链信息不可更改的特点可在以房养老的运作中发挥作用。

什么是以房养老？

具体来说，愿意以房养老的人群，可以在养老机构或金融机构（银行、保险等）区块链上登记其房产情况，由机构根据其房产价值按照智能合约，即按照合同规定的方式，由系统自动执行发放养老金，并在区块链上记录。由于区块链安全稳定，就可以让合同自动、无法篡改地执行下去，各方对于执行的合同也不能抵赖。

（二）养老服务与智能合约

随着年龄的增长，老年人领取养老金及政府养老补贴，缴纳水电费、物业费，到相关部门报销医疗费，或者收取出租房屋的租金，都成为一个难题。将医养数据智能合约直接部署到区块链应用场景中，结合线下实体店和各类智能终端，形成医养数据来源渠道，使去中心化应用能够以智能合约的方式在区块链上进行存储和访问。老年人可以授权区块链系统自动在自己的存款账户中扣除，每月只要给老年人消费单即可。老年人的子女对该系统也放心，不用担心老年人错交、多交或漏交各种费用，忘领养老金或各种补贴。即使老年人随子女在异地居住，也能自动扣费或领取补贴。

"医养结合"打造健康养老河北邢台模式

以上养老补贴和缴费能够自动执行，需要区块链系统中运行上述业务的智能合约。智能合约主要是基于区块链系统里可信的、不可篡改的数据，自动地执行这些预先定好的规则和条款，并且生成新的数据区块，发布给该区块系统的全体成员。

(三)安全信息机制与隐私保护

区块链技术的核心是沿时间轴记录交易数据，并且只能读取和写入，不能修改和删除。区块链的这一特性可以很好地用在涉老公证上。安全的信任机制可解决当今医养信息化技术的安全认证缺陷和通用识别问题。例如，不同部门之间由于数据不能互联互通，或者即使系统能够互联也不用担心系统中的数据造假，出现强制证明老年人在世的现象。如果老年人生命中重要时间节点的服务数据都能上链，相关的记录都可以通过区块链系统传递，养老服务商的信誉证书和服务记录也通过区块链传递，养老事务之间的流程或先后关系就会合法、合理、合情。

(四)智养链的建立

智养链以区块链技术推动人工智能、智能硬件在养老领域的发展，并在我国率先铺设各类健康养老驿站，真正将区块链技术率先应用于线下场景，用区块链技术提升我国的养老服务水平，帮助更多的老年人安享晚年。利用专属方式激励老年人提供高度连续的、匿名的、可追溯的、不可逆的、可扩展的医养数据。在区块链智慧养老中，信息服务平台通过对老年人的远程监测，能够获得海量的信息数据，包括对老年人的生活状态、身体机能和心理状态的监测数据。在老年人的实时响应中利用智能机器人设备 24 小时实时待命、语音交互的特点来满足用户的各类紧急和常规的交互需求；利用智能监控设备来保障养老驿站的安全，并实时掌握用户的健康状态信息。智慧养老平台的养老服务功能主要体现在对老年人服务需求的主动响应上，在对日常监测数据深度挖掘处理和实时监控的基础上分析老年人养老服务需求，并主动为老年人提供各项服务。

（五）区块链技术追踪与养老金融领域

区块链技术在金融领域内的应用基于对个体（某个个人或某个企业）的金融行为、金融品质及其资产、信用生成过程的追踪记录，推动金融创新向个性化、精细化、自我管理的方式纵深发展，从而根本上改变以往养老金融行业以信息不对称获利、粗放式经营、追逐暴利的问题。

（六）医护资格认证

医疗区块链项目可以通过非对称加密手段为医患提供医护人员身份验证服务，在医疗健康记录中，敏感数据泄露的风险非常高。区块链的身份识别和治理规则，可以预先定义用户的访问权限和控制权限，以确保医疗健康记录的隐私级别与透明度，并确保只有有资格的参与方才能看到必要的数据。

（七）养老供应链

现有的养老供应食品及医药的信息数据在存储、传输、展示等环节中都有被篡改的风险。现有的追溯体系严重依赖政府的监管措施，无法对监管者的权力进行有效的约束。区块链的去中心化和不可篡改性，可以保证养老供应链追溯系统中信息的可靠性，可以避免数据被篡改。而且，如果区块链技术和物联网技术结合起来，就可以通过机器实现数据的自动采集，既可以提高效率，又避免了数据被作假和隐瞒。由于区块链技术的开放透明和机器自治，消费者、生产者和政府部门对养老供应链追溯系统中的数据可以完全信任，这就大大降低了交易过程中的不确

定性，降低了很多隐性成本。

随着区块链基础设施的日益完善和区块链知识的日益普及，将会有越来越多养老资产的数字化和交易信息上链，养老领域也会有越来越多的公有链、联盟链、私有链的探索建立，成功的养老领域落地应用案例会越来越多，养老服务业将会得到一个更加健康的发展。

谈一谈

通过学习区块链技术在智慧养老中的应用，你有什么心得体会？

看一看

全国医养结合
工作宣传片

全国医养结合工作宣传片。

练一练

一、单项选择题

1. 区块链其实是一个（　　）。

A. 系统　　　　B. 软件　　　　C. 操作系统　　　　D. App

2. 一般认为，区块链将经过（   ）个发展阶段。

A. 1   B. 2   C. 3   D. 4

3.（   ）是区块链运行的基础。

A. 交易去中心化   B. 共识机制

C. 信息可溯源   D. 信息不可篡改

4. 区块链技术的核心是沿时间轴记录交易数据，并且只能（   ），不能修改和删除。

A. 复制   B. 读取

C. 写入   D. 读取和写入

二、多项选择题

1. 区块链是（   ）等计算机技术的新型应用模式。

A. 分布式数据存储   B. 点对点传输

C. 共识机制   D. 加密算法

2. 区块链的核心技术包括（   ）。

A. 分布式账本   B. 非对称加密

C. 共识机制   D. 智能合约

3. 区块链的显著特点有（   ）。

A. 去中心化   B. 可追溯   C. 不可篡改   D. 智能合约

4. 区块链根据参与主体或服务对象的不同，可以分为（   ）。

A. 公有链   B. 私有链   C. 合约链   D. 联盟链

项目四
智慧养老的设计与实施模式

知识目标

1. 掌握智慧养老模式的总体框架；

2. 熟悉智慧养老平台的设计；

3. 了解智慧养老平台的实施模式。

能力目标

1. 能设计搭建自己城市的智慧养老平台框架；

2. 具备操作智慧养老平台的能力；

3. 培养学生分析问题和解决问题的能力。

思政与职业素养目标

1. 培养热爱养老服务行业的职业素养；

2. 培养较好的信息素养；

3. 培养精益求精的工匠精神；

4. 努力学好专业知识，在实践中丰富和发展自己。

后汉江革，少失父，独与母居。遭乱，负母逃难。数遇贼，或欲劫将去，革辄泣告有老母在，贼不忍杀。转客下邳，贫穷裸跣，行佣供母。母便身之物，莫不毕给。

"二十四孝"之行佣供母

任务一　智慧养老的总体框架

任务背景

信息化技术及物联网技术的发展，为智慧养老提供了技术保障，为国家解决养老问题提供了新的思路和解决方向。目前，智慧养老主要表现为依托互联网进行的养老实践。智慧养老模式的构建主要依托养老、医疗和综合服务业的发展。根据对智慧养老发展的研究，总结出了智慧养老模式的总体框架。

学习探究

一、顶层设计的含义

顶层设计的概念源于系统工程，其主要思想内涵是利用系统的观点，建立系统设计对象的总体架构，让对象内部的各子对象有着统一标准和架构参照，实现规划与实施一致、结构功能协调、标准规范统一、资源充分共享。

顶层设计最初主要运用在自然科学和大型工程技术领域，在不同的领域也有不同的内涵和外延。就信息化领域而言，顶层设计可以理解为自上而下的总体规划，是一项工程"整体理念"的具体化。

城市是在地理上有界的相对独立的中观层次上的社会组织形式。具体到智慧养老来说，城市也是兼具战略性和操作性的组织单元。因此，我们的顶层设计就是定位在城市的层次上，运用系统工程的原理和方法，设计出城市智慧养老的总体框架。

> **健康小贴士**
>
> 颈椎病的诊断与预防。
>
>
>
> 颈椎病的诊断与预防

二、智慧养老模式的总体框架

目前的智慧养老主要表现为互联网环境下的养老实践。基于对智慧养老的发展现状，我们提出如图4-1-1所示的智慧养老模式的总体框架。

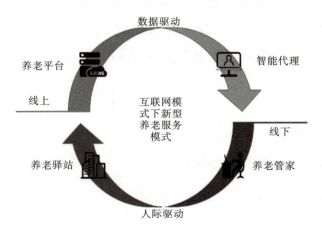

图4-1-1　智慧养老模式的总体框架

图4-1-1中智慧养老模式的总体框架分为线上和线下两部分。线下智慧养老模式中，养老从业人员需要具备良好的道德素养和职业技能，坚持以人为本、人人交互的原则，通过人际沟通驱动的方式为老年人提

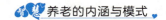

供个性化、专业化、有交互的养老服务。在线下这一部分中，养老从业人员是连接老年人和各类养老服务提供商的中介，是线下智慧养老模式运营的核心，其工作是在收到老年人的需求后，根据自己的经验和掌握的信息将具体业务分配给养老服务商。养老驿站整合各类养老服务商，是机构养老、社区养老、居家养老等养老服务的总服务台。

线上智慧养老模式中，智能代理是内嵌于养老服务平台的智能服务系统，它在收到老年人的需求后根据养老服务平台设定的规则和算法，完成将具体业务分给专业的养老服务商的派单工作。智能代理是整合各类养老服务商的核心，它通过数据驱动的方式把各类养老服务商整合到养老服务平台上。

在互联网背景下，智慧养老模式是线下人际驱动的养老服务和线上数据驱动的养老服务的有效集成。站在老年人前面的是养老驿站的养老管家，养老管家依靠的是背后养老平台的智能代理。其中的人际驱动方式是指老年人通过养老驿站中的养老管家进行人际互动，满足自己的养老服务需求。当前，面对面的人际互动对于老年人来说非常重要。然而，养老管家如果想高效地服务更多的老年人，就需要依靠养老服务平台中的智能代理进行资源匹配。这时，数据驱动就成为养老服务商之间边界跨越的主要方式，数据共享则是数据驱动的前提。

谈一谈

谈一谈你对智能养老的整体认识。

_____
_____
_____
_____
_____

魏王衮，事亲至孝。母存日，性怕雷，既卒，殡葬于山林。每遇风雨，闻阿香响震之声，即奔至墓所，拜跪泣告曰："衮在此，母亲勿惧。"

"二十四孝"之闻雷泣墓

任务二　智慧养老平台的架构设计

任务背景

　　智慧养老平台以整个城市乃至全省的养老数据平台为中心，集成多个养老应用平台，整合社会各种资源，对接目前存在的公共服务平台，如"110""120""119"等平台，组建数据实时交汇的网络，建设自上而下、自下而上的信息通道。智慧养老平台的建设为政府决策机构提供数据统计分析，为制定各种决策给予数据支撑，为养老机构提供高效便捷的管理应用平台和强大的服务，为老年人提供舒心、智能、便捷的生活服务。智慧养老服务系统的架构：省市级建立一所大数据中心，区级按照区划建设多个监管平台，街道按照规划统筹管理多个监管系统。

学习探究

一、智慧养老平台的分层架构

　　根据养老服务的特点、工作流程、服务项目、管理要求和各种延伸需求的特点，智慧养老系统设计目标主要针对老年人心理、生理特点，以信息化技术为核心，采用先进的计算机技术、通信技术、无线传输技术、控制技术，为老年人提供安全、便捷、高效、舒适的养老综合服务。具体的智慧养老系统分层架构如图4-2-1所示。

智慧养老的内涵与模式

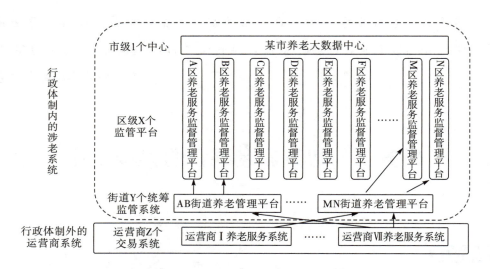

图4-2-1　某市智慧养老服务系统分层架构

通过该架构可以看出，对于城市级智慧养老服务平台建设，需建立1个市一级的养老大数据中心，根据各区的特点建立各自的区级养老服务监督管理平台，在区级养老服务监督管理平台基础上，每个基层街道根据自身特点扩展开发相关的服务监督系统，每个养老服务运营商根据自身特点开发各自的养老服务系统直接服务于老年人。其中，行政体制内的涉老系统与行政体制外的运营商系统成"倍数效应"。

二、建设一个养老大数据中心

养老大数据中心的工作重点是实现该市养老服务的数据治理、服务匹配和运行监管等。其中，养老服务的数据治理包括如下工作：①本市涉老各成员单位之间有关数据共享、数据安全和数据应用的制度安排；②市、区、街道关于数据共享、数据安全和数据应用的制度安排；③数据共享的接口设计和数据共享的协议模板设计；④本市实施的重大养老信息化项目及投资安排等。某市养老大数据中心的功能如图4-2-2所示。

该市所有涉老成员单位的涉老数据只有整合起来，才能发挥1+1＞2的协同作用。具体的数据包括老年人相关数据、养老机构（含养老院、养

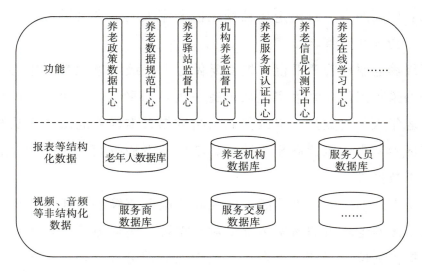

图 4-2-2　某市养老大数据中心功能示意图

老照料中心、养老驿站等)数据、养老服务人员相关数据、养老服务运营商相关数据、养老服务交易数据、养老服务过程监控数据、养老政策数据、养老规范数据、养老课程数据等。在此基础上，依法对数据进行保护和有条件共享。

对于养老服务运营商来说，养老大数据中心需要在一定程度上负责养老服务匹配的功能。养老服务运营商可以将自己闲置的养老资源信息推送给养老大数据中心，养老大数据中心在后台可以匹配需求尚未得到满足但需要保障的老年人的数据，传递给老年人所在街道(或社区)养老服务监管系统，让老年人从养老大数据中心推荐的服务商中自主选择合意的进行协商。

建设养老大数据中心，并依托对中心拥有的大数据进行分析，将有助于对全市以及各区的养老工作做出科学的决策，有助于老年人在全市范围内跨区流动，有助于区、街道对跨区的老年人提供服务和监管，有助于养老服务运营商跨区运营，从而形成有竞争力的养老服务产业，能够形成全市区域内养老服务需求与养老服务资源的有效匹配对接。

三、建设 X 个城区养老服务监管平台

各城区的资源优势不同，在统一执行市一级的养老政策基础上，各

城区拥有较大的自主权确定所辖城区内老年人的养老补贴政策，对养老服务进行指导和监管。

区级养老服务管理平台首先需要做好上一级养老大数据中心有关本区数据的采集工作，力争实现从街道一级自动采集。需要采集的数据包括本区老年人相关数据、本区养老机构数据、本区养老服务人员相关数据、本区养老服务运营商相关数据、本区养老服务交易汇总数据、本区养老政策数据等。

除了上述的数据采集功能，区级养老服务监管平台还需要监管区一级以及本区养老政策的落实情况，对于需要托底保障等不同类型的老年人是否提供到位的服务，平台还要依次监管服务商资质、服务质量、老年人需求满足程度、服务人员资质、服务价格、服务态度等，以及基于本区独特资源优势形成的特色性养老监管模块。如果该市有 X 个行政城区，那就需要分别建设 X 个城区养老服务监管平台。

四、建设 Y 个街道养老服务监管系统

街道或社区收集到老年人的相关数据后，不但要整合上级各个部门收集的各种资源，还要整合街道管辖范围内的各种养老服务资源，在此基础上，有义务对老年人的数据进行保护，有责任对辖区内的老年人依法享有必要和合适的养老服务提供保障和监管，因而街道一级的监管系统的重点功能是实现辖区内养老服务资源的整合和为老年人提供合理的养老服务保障。

五、建设 Z 个运营商智慧养老系统

这里的养老服务运营平台主要是实现养老服务交易的整合和跟踪功能。智慧养老服务运营平台可以采用多种模式，既可以有以养老运营商自身服务资源为平台服务主体的模式，也可以有整合社会上养老服务资源的养老模式。

随着时间的推移，少数能建立良好社会声誉的养老服务品牌运营商将会形成以自己服务内容为特色的智慧养老服务平台（如当今的月嫂、家

政平台），整合和分析自身的养老服务大数据，为自己的养老布局和发展进行决策。也不排除一些互联网巨头进军养老市场，形成以服务匹配为特色的养老服务平台。

随着时间的推移以及智慧养老的深化和发展，智慧养老服务平台将出现分化，涉及养老服务交易整合和跟踪的系统将由运营商实现，有可能形成一个城市乃至全国的智慧养老服务交易平台；涉及养老服务交易监管的系统将主要由区政府完成，每个区建立各自的区级养老服务监管系统或平台；涉及上级资源统筹和辖区内资源统筹的系统将主要由街道完成，每个街道建立各自的街道养老服务统筹监管系统或平台；社区则在街道养老服务统筹监管系统基础上进行模块选择和参数设置，得到适用的系统；最后，涉及养老数据(含养老业务管理数据和养老服务监管数据)整合的养老大数据中心将在市一级实现。

谈一谈

如果为你所在的城市设计搭建一个智慧养老平台，应该如何做呢？开展头脑风暴讨论，将你设计的平台画在方框中。

智慧养老平台的架构

养老的内涵与模式

唐崔山南曾祖母长孙夫人，年高无齿。祖母唐夫人，每日栉洗，升堂乳其姑，姑不粒食，数年而康。一日病，长幼咸集，乃宣言曰："无以报新妇恩，愿子孙妇如新妇孝敬足矣。"

"二十四孝"之乳姑不怠

任务三　智慧养老平台的实施模式

任务背景

智慧养老是如今各地政府通过各种努力支持和引导养老产业的社会化发展的产物。庞大的养老产业，则为智能养老系统产业的发展提供了发展动力。在这种社会背景下，依托人工智能、大数据、云计算的智慧养老平台，通过技术化、信息化的手段，将居家老年人、社区、政府、服务提供者联系起来，实现对老年人健康管理、应急救助、生活照料等全方位服务，成为养老行业的最佳选择。智慧养老平台的实施模式分为接入模式和建设模式两个方面。

学习探究

一、接入模式

智慧养老服务平台的接入模式有很多，从几乎没有信息技术采用的线下实体站点模式到智能可穿戴设备模式，如表 4-3-1 所示（学完接入模式内容后请将表内信息补充完整）。

· 104 ·

项目四 智慧养老的设计与实施模式

表4-3-1 智慧养老平台接入模式一览表

模式	分类	特点
线下实体站点模式		
电话模式		
电视云模式		
PC网页模式		
微信模式		
手机App模式		
无介入传感器模式		
智能可穿戴设备模式		

1. 线下实体站点模式

线下实体站点模式是指不借助任何信息技术媒介，在线下部署实体服务站点，比如驿站等。也有的线下实体店使用少量计算机，对收集到

· 105 ·

的涉老数据进行存储。这类模式适合于老年人和护理人员的 IT 技能素养和意识都不高，但是注重人际互动和养老服务质量的服务机构。

在线下实体站点中，老年人聚在一起，与护工、养老服务人员等面对面交流，属于人人交互模式。老年人可以参与站点中丰富的活动，让生活充满人文关怀，符合老年人的需求。站点内还可以配套一些服务，如中医理疗、修脚按摩、日常购物等，方便老年人消费。

实体站点一般会从老年人的需求入手，通过前期问卷调查收集老年人的需求，后期对老年人各方面的需求进行整合，调整站点服务内容、规划站点空间布局等，让老年人在站点内可以享受到方方面面的照护，更加贴合老年人的需求。

2. 电话模式

电话模式是最常见的模式，是指以电话为媒介与老年人进行沟通交流的模式。电话模式又分为普通电话模式、三方电话模式和一键通电话模式。其中，三方电话模式可以让老年人、街道、养老服务商同时接听电话；一键通电话模式是指专门为几个特殊按键预先设置好电话号码，老年人一键即可接通街道、养老服务商或子女的电话。老年人可以通过这几种电话模式主动联系街道、养老服务商，满足自己的服务需求。

3. 电视云模式

电视云模式以电视为媒介，结合云服务平台，老年人在家观看电视的过程中可以实时动态地查询和了解所在社区的便民便老服务信息。这样，老年人可以采用自己熟悉的方式了解所在社区的便民便老服务信息。这种方式一般需要街道或社区与有线电视运营商合作才能比较好地运作。

当下老年人了解社会信息的主要渠道还是有线电视和广播。由于有线电视通过简单的操作就可以实现与智慧养老平台的互动，因此有线电视可以作为老年人主动获取外界信息和服务的重要渠道之一。将社区家庭内的有线电视作为信息发布终端和交互终端，老年人在家观看电视的过程中可以实时动态地查询和了解所在社区的便民便老服务信息，对中意的服务或日用品可以直接下单购买，送货上门时付款，这可以缓解老年人因身体不佳、出门不便而产生的困扰，也可以让老年人比较容易地以自己熟悉的方式接入智慧养老平台。

4. PC 网页模式

PC 网页模式是以 PC 网页为媒介，让老年人通过计算机就可以浏览养老服务信息并实现服务订阅。目前，养老服务商一般都会做网站来推广产品、活动，老年人也可以通过相关网页订购养老服务。养老服务网站的好处是容纳的信息量大，可以提供多媒体形式（视频、音频等）的资讯，内容丰富。

老年人在网站上浏览养老服务信息，既可以直接在网页下单实现线上线下互动式服务，也可以通过网页上留的电话，与街道或服务商进行进一步的沟通。这种模式需要老年人有一定的计算机操作能力，适合会上网的老年人。

5. 微信模式

微信是当下流行的社交网络平台，可以在此基础上建构为老服务的智慧养老平台。微信模式可以分为三种，即微信群模式、微信订阅号模式和微信服务号模式。

微信群模式是以微信中的微信群为媒介，通过组建各种兴趣群或职能群对老年人进行社群式管理。对老年人进行分级分类，不同类型的老年人加入不同的微信群，方便养老服务商为老年人提供相应的服务，也方便街道或社区进行管理。

微信订阅号和微信服务号是微信公众号的两种具体模式。以微信公众号为媒介，其中订阅号主要用于发布信息，服务号可以设置菜单进行一些互动。由于微信的渗透率很高，子女一般也都会主动教父母使用微信，所以微信上手难度相对于计算机操作来说较低，不少街道或社区都将微信公众号作为一个重要的接入智慧养老平台的模式。

6. 手机 App 模式

手机 App 模式是以 App（手机上的应用）为媒介，让养老服务资源在移动端能够更加便捷地传播。通过移动端 App，老年人可以随时随地查看与浏览养老服务信息，同时可以在线下单，订购服务，这是一种非常方便的接入模式。这种模式要求老年人有智能手机，且比较熟悉手机的操作，这对老年人来说有一定难度，目前还没有大面积普及开来。

7. 无介入传感器模式

无介入传感器模式是指不用老年人操作，不干扰老年人生活，通过传感器自动收集信息的一种接入模式。该模式以智能传感器为基础，通过在家里的关键位置（如床、坐便器、客厅、厨房等）安装传感器并上传云平台，来全天候监测并分析老年人体征，以无人工介入的形式为老年人提供照护和预警服务。老年人出现异常后能够及时通知接警中心的监护人员和老年人的监护人，为老年人提供帮助和照护。

8. 智能可穿戴设备模式

智能可穿戴设备模式是以智能可穿戴设备为媒介，老年人可以通过智能可穿戴设备获得定位、身体监测等服务。智能可穿戴设备更加智能化，能够在不借助人工的情况下帮助老年人监测体征，多用于"助急"服务。

> **健康小贴士**

预防老年人跌倒

预防老年人跌倒。

二、建设模式

智慧养老平台建设模式，如表4-3-2所示（学完建设模式内容后请将表内信息补充完整），共有五种，分别是独立式、并列式、关联式、统一式和自选式。

表4-3-2 智慧养老平台的建设模式

模式	关联	区	街道	特点
独立式				
并列式				
关联式				
统一式				
自选式				

说明：在"关联""区""街道"栏中，有画"√"，无画"×"。

1. 独立式

独立式是指有些城区养老信息化还没有开展起来，区级不做任何要求，也不建设系统，有的街道观念在所在城区相对超前，根据自身需求建设系统。在这种方式下街道也无须向城区发送街道的信息。随着时间的推移这种模式应该会越来越少。

2. 并列式

并列式是指城区和街道各自根据自己的目标自主建设相应的系统，老年人可以根据自己的需求选择需要的系统。这是因为有的街道在养老信息化方面先行一步，或者除了区里统一规划的功能之外还有一些其他的需求，因而自主建设了系统。此时城区和街道的系统都是分别建设的，功能有重叠的部分，也有不一样的部分，因而分别吸引了一些老年人使用。

3. 关联式

关联式是指街道自主建设一套系统，并与区级的系统进行对接，让数据能够连通。因为有些城区目前还没有覆盖全区的系统，或者城区的系统还未建立起足够的权威（比如明显好用、易用的系统）。因此，街道根据自身的特色或需求，前期建设了系统，后期如果区里统一建设了系统或者对某些数据有统一的要求，那么街道系统适当改造后可以与其进行数据上的连通，保证区里和街道的系统既能互联互通，又都能满足各自的需求。

4. 统一式

统一式是指区里统一建设系统，所有街道都采用区里建设的系统。这种模式比较适合用于该城区的各街道没有明显的差异，存在的需求整体上比较统一的情况下。这种情况下直接使用区里的系统对于街道来说最省时省力。

5. 自选式

自选式是指城区经过对全区的情况调研，设立一个统一的养老服务系统，同时研制出尽可能全的功能模块，分为必选模块和自选模块两类。必选模块体现全区统一的特色和要求，街道上线系统时默认选择，而对于自选模块则可以根据自身特点选择需要的功能上线。由于城区和街道很重要的一个功能是监管，有一个统一的监管平台有助于统一规划和管理。

"互联网+""智能+"在养老服务业的应用还处于起步阶段，产业分散、连接性差等问题十分突出。当前，养老产业对基础设施的投入较多，而对运营平台的具体功能忽视了应用与转化，忽视了在线服务链基础平台的建设。面对日益严峻的人口老龄化趋势，打造"数字老龄"的服务方案，提升社会的养老服务体系建设和管理水平，亦可实现主管部门对养老机构有效的行政管理和监督，达到对养老机构管理规范化、决策科学化、业务流程化和数据标准化的目标。

项目四 智慧养老的设计与实施模式

谈一谈

智慧养老平台助力智慧养老，请同学们开展头脑风暴，讨论智慧养老平台能够给老年人带来什么。

_____

_____

_____

_____

_____

练一练

一、单项选择题

1. 目前，智慧养老主要表现为依托（   ）进行的养老实践。

A. 互联网　　　B. 物联网　　　　C. 计算机　　　　D. 云计算

2. 线上智慧养老模式中，（   ）是内嵌于养老服务平台的智能服务系统，它在收到老年人需求后根据养老服务平台设定的规则和算法，完成将具体业务对专业的养老服务商的派单工作。

A. 养老平台　　B. 智能代理　　　C. 养老驿站　　　D. 养老从业人员

3. 数据驱动成为养老服务商之间边界跨越的主要方式，（   ）则是数据驱动的前提。

A. 数据共享　　B. 数据分析　　　C. 数据统计　　　D. 大数据

4. 智慧养老系统设计目标主要针对老年人（   ）特点，以信息化技术为核心，采用先进的计算机技术、通信技术、无线传输技术、控制技术，为老年人提供安全、便捷、高效、舒适的养老综合服务。

A. 心理　　　　B. 生理　　　　　C. 心理、生理　　D. 认知

· 111 ·

二、多项选择题

1. 智慧养老模式的构建主要依托（　　）的发展。

A. 养老 　　　　　　　　　　B. 医疗

C. 综合服务业 　　　　　　　D. 健康

2. 养老从业人员需要具备良好的（　　）和（　　），坚持以人为本、人人交互的原则，通过人际沟通驱动的方式为老年人提供个性化、专业化、有交互的养老服务。

A. 道德素养 　　B. 职业技能 　　C. 专业技能 　　D. 实践技能

3. 在互联网背景下，智慧养老模式需要线下（　　）的养老服务和线上（　　）的养老服务的有效集成。

A. 专业驱动 　　B. 技术驱动 　　C. 人际驱动 　　D. 数据驱动

项目五
智慧助老、智慧用老与智慧孝老

知识目标

1. 掌握智能家居系统的构成；
2. 熟悉智能家居产品的种类、智慧用老的实现途径；
3. 了解智慧孝老的模型及实现方式。

能力目标

1. 具备熟练使用智能居家系统的能力；
2. 能熟练应用常见的智能居家产品；
3. 培养学生分析问题和解决问题的能力。

思政与职业素养目标

1. 培养热爱养老服务行业的职业素养；
2. 树立尊老、孝老的职业道德观念；
3. 努力学好专业知识，在实践中丰富和发展自己。

养老的内涵与模式

晋王祥，字休征。早丧母，继母朱氏不慈。父前数谮之，由是失爱于父母。尝欲食生鱼，时天寒冰冻，祥解衣卧冰求之。冰忽自解，双鲤跃出，持归供母。

"二十四孝"之卧冰求鲤

任务一　智慧助老

任务背景

在国家推行的"9073"养老服务模式中（如图5-1-1所示），90%的老年人要居家养老，7%的老年人在社区养老，3%的老年人在养老机构养老。显然，要使90%的老年人过得幸福，居家养老是一个非常重要的模式。近年来，随着智慧城市建设的推进，人们对住宅的要求越来越高，智能化、安全、舒适的智能家居为人们带来全新的生活体验。随着人口老龄化的加剧、智慧养老概念的提出和推广，老年人将成为智能家居的一个重要的消费群体，智能家居也成为智慧助老的一个重要的应用领域。

图5-1-1　中国提出"9073"养老模式

项目五 智慧助老、智慧用老与智慧孝老

> 学习探究

一、智能家居系统的一般构成及老年人的特点

智能家居是以住宅为平台，利用综合布线技术、网络通信技术、安全防范技术、自动控制技术、音视频技术等将与家居生活有关的设施集成，构建高效的住宅设施与家庭日程事务的管理系统，提升家居的安全性、便利性、舒适性、艺术性，并实现环保节能的居住环境。目前市场上主要的智能家居系统如图5-1-2所示，主要分为智能灯光控制、智能电器控制、安防监控系统、中心控制系统等几大版块。

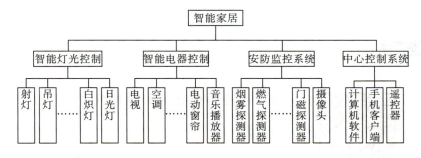

图 5-1-2 智能家居系统的主要构成

智能家居系统对于老年人来说，非常有帮助，可以说是智慧助老的典型应用。因为老年人具有如下生理和心理特点。

(1) 感知能力弱化。由于年龄的增长，老年人对周围环境的感知能力日益减弱，主要表现在视力、听力、触觉、味觉、嗅觉等方面；在视力上，主要表现为视力逐渐模糊，辨色能力下降；在听力上，主要表现为对周围声音不敏感，如听不到水开的声音、门铃的声音等；嗅觉功能的减弱，使他们对气味不敏感；触觉的减弱则容易让他们烫伤或灼伤。

(2) 神经功能老化。老年人神经系统退化主要是由于脑细胞减少引起的反应迟钝，这使得他们思考能力降低，记忆力衰退，对外界信息的认知能力减弱，从而也导致了他们适应新环境的能力下降。

· 115 ·

(3)运动能力退化。研究表明，一般人的肌肉在 20～30 岁达到最高峰，之后呈现下降趋势，70 岁时人的肌肉强度一般只相当于 30 岁的一半。所以大多数老年人都会感觉自己没有以前灵活，肌肉的强度和控制能力也不如以前。与此同时，骨骼也随着年龄的增长逐渐老化，骨骼再生能力逐渐降低。这也是老年人容易摔倒及摔倒后易骨折且不易恢复的重要原因。

(4)抗病能力退化。随着年龄的增长，人体的免疫功能下降，机体衰老呈平行发展趋势，表现在老年人常患有各种慢性疾病，且往往一些不起眼的小病可能就会导致这些疾病的复发甚至失去自理能力。

(5)孤独、失落感增加。老年人容易产生孤独、失落感。老年人生理机能的变化和衰退让他们与外界的沟通交流变少，再加上儿女工作繁忙，无人陪伴，这种心理失落感会对老年人的健康造成严重的影响。

健康小贴士

老年人应如何适应老化问题？

老年人应如何
适应老化问题

二、面向老年人的智能家居产品

我们必须充分考虑老年人群体的特殊性，针对他们自身的特点为他们设计舒适、便利、安全、健康的智能居住环境。与此同时，由于老年人对智能产品的操作存在一定的困难，因此我们设计智能产品最基本的原则就是在操作界面的设计上应该做到最简约、使用尽可能大的功能按钮，按钮之间的颜色区分要鲜明，尽可能多地采用声音控制、手势控制等简单易懂的操作方法。下面我们结合房间的布局来介绍老年人在智能住宅中可能用到的智能家居产品。

1. 智能客厅

老年人回到家门口，无须担心忘记携带钥匙，住宅的虹膜识别门将扫描老年人的虹膜，将其与控制中心存储的虹膜进行匹配，如果匹配成功，门将自动打开。

走进智能家居

进门后，门口的触摸式控制面板自动亮屏，点击控制面板的"回家模式"，智能客厅的感应灯缓缓打开，让老年人的眼睛慢慢适应室内亮度的变化，客厅中间的智能茶几进入烧水模式，窗外的气象感知器将室外温度、湿度、风速等数据传到控制中心，门口上方的红外线摄像头扫描到进入门口的人数，门口左侧的智能推送鞋柜自动推送相应数量的室内拖鞋，让老年人无须弯腰即可换上合适的鞋子。此时，感应灯慢慢关闭，电动窗帘打开，控制中心根据气象感知器的数据判断到今天室外的温度、风速适宜，此时电动窗开启。

老年人在沙发上坐下，电视开启，沙发将自动获取老年人身上可穿戴设备中各项指标数据，存入控制中心的健康档案中，控制中心根据健康档案中的数据，在设定的时段向智能茶几发出指令，智能茶几根据指令弹出茶几表面指定格子中的药物，提醒老年人按时吃药。

更加智能化的语音起身沙发

2. 智能厨房

老年人离开客厅，进入厨房准备做饭，厨房墙壁上安装的烟感探测器和燃气探测器（如图5-1-3所示）将时刻监控厨房内空气的变化，如有异常，立即报警。

烟感探测器

燃气探测器

图5-1-3 烟感探测器和燃气探测器

厨房内的智能冰箱门显示冰箱内所有食品的存放时间和数量，如发现存放时间临近保质期的提醒老年人尽快食用，超过保质期的食物将语音提示老年人将其丢弃，对于存量不足的食品，显示器会显示"订货"按钮，轻按"订货"按钮，与此住宅绑定的超市将自动送货上门；此外，冰箱侧面是一面电子显示屏，老年人可以在做饭的过程中收看电视或收听广播。

智能厨房

做好的饭菜将被拿到厨房门口的智能保温餐桌，餐桌表面的温度传感器感应到温热食品，将自动开启保温功能。

厨房的地板传感器一旦感应到老年人离开厨房超过 15min，就会发出提示检查的声音。如果检测到不是煲汤煮饭，且老年人没有响应，那么厨房内的燃气、水龙头、油烟机等将自动关闭。

3. 智能卫浴

智能卫浴

老年人如果要去洗澡，选择卫生间门口触摸式控制面板的"洗澡模式"，窗边的空气循环器开启，墙壁的供暖片加热，将卫生间温度默认控制在 28℃，老年人也可自行调整设定温度。地板传感器全程监控，老年人一旦发生跌倒晕厥等异常情况，将自动报警。

如果老年人如厕，智能马桶将会自动收集和分析老年人的排泄数据，上传至健康监控中心，卫生间门框上的红外线传感器将感应到老年人进入卫生间的时间，如果离开时间超过平常设定时间，将会启动警示模式，老年人的子女在接收到相关信息后远程打开视频监控，了解老年人是否出现异常。

4. 智能卧室

智能卧室

老年人进入卧室时，卧室门口的传感器感知到老年人的靠近，卧室内的感应灯缓缓亮起，床边的智能气象衣柜，可以实时接收气象感知器的数据，如果老年人准备换衣服出去散步或锻炼，轻按衣柜表面的"出行"按钮，衣柜可以根据室外的天气情况自动推送合适的衣物并给出出行建议。

如果老年人准备休息，只需轻轻点击智能感知床床边触摸式控制面板的"休息模式"，卧室内的电动窗帘关闭，住宅内除床头灯以外所有电器也自动关闭，床上的智能感知器感应到老年人躺下，床头灯将慢慢关闭，同时卧室响起预先设定的定时舒缓音乐。

老年人睡觉时，智能床上的健康监测器将全程监控老年人身体的各项指标情况，如果发现异常，将立即报警。

老年人如果要起夜，床上的感应器感应到老年人从床上坐起，根据预先设定，卧室、走廊、卫生间的感应灯慢慢亮起，确保老年人的安全。

凌晨时分，窗外的气象感知器能够感应到气温下降，数据传到控制中心，控制中心控制电动窗关闭，空调开启，将卧室温度控制在适宜温度（如26℃），同时空气加湿器开始工作，将空气湿度控制在适宜水平，为老年人提供舒适的睡眠环境。

智能家居住宅，集成了市场上现有的各种在销产品以及概念产品，参见图5-1-4。

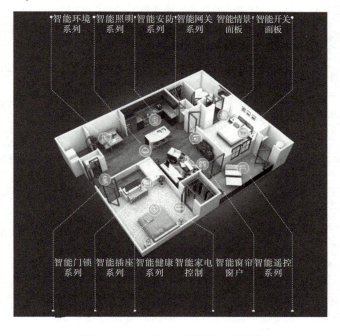

图5-1-4　老年人智能住宅示意图

智能家居产品是实现智慧助老的具体实现方式。表5-1-1中是老年人在智能住宅中可能用到的智能产品，未来可能会有更多适合老年人的智能家居产品被开发出来。将智能家居引进老年人住宅，让老年人也能享受科技带来的便利，对于提高居家养老的服务质量、促进社会和谐有着积极的意义。

表 5 - 1 - 1   智能家居养老产品举例

位置	设备名称	设备功能
客厅	控制中心	对住宅内的所有设备进行监控和指挥，接收和存储住宅内设备发来的数据，对紧急情况做出判断和处理
	虹膜识别门	采用人体独一无二的虹膜进行匹配识别，方便、准确、安全，让老年人免除忘带钥匙的烦恼
	红外线摄像头	对进入住宅的人和住宅内情况进行实时监控，有异常情况及时报警，子女也可通过摄像头随时了解老年人在家中的情况
	健康监控沙发	沙发可通过老年人身上的可穿戴设备对坐在上面的老年人身体各项指标进行监控，数据记录在控制中心的健康档案，及时发现老年人身体变化，为老年人的健康提供实时保障
	智能药物茶几	可自动对水进行加热，也可根据控制中心的指令将茶几表面的指定药物格中的药物推送给老年人，提醒老年人按时服药
	智能保温餐桌	自动对餐桌表面温热物体加热保温，让老年人随时吃上温热的饭菜
	智能推送鞋柜	根据进入室内的人数自动推送相应数量的鞋子，让老年人无须弯腰即可换上合适的鞋子。
厨房	烟雾探测器	监测空气中烟雾浓度变化，及时对火灾报警，为嗅觉不敏感的老年人提供安全保障
	燃气探测器	监测空气中可燃性气体浓度，发生异常自动报警，为嗅觉不敏感的老年人提供安全保障
	智能冰箱	冰箱门能显示冰箱内食物的放置时间和存放量，能自动订货，老年人足不出户即可获取新鲜食材，冰箱侧面电子显示屏可在做饭过程中播放电视或收听广播，丰富老年人的厨房生活
卫生间	空气循环器	监测卫生间中氧气的浓度，通过与室外空气交换控制卫生间氧气的浓度在适宜水平
	墙壁供暖器	安装在墙体内的供暖系统能将卫生间温度控制在设定水平，防止老年人在洗澡过程中因动作迟缓而生病着凉
	智能马桶	自动收集和分析老年人的排泄数据，数据存入控制中心的健康档案中
	红外线感知器	感应老年人出入卫生间的时间，如果离开时间超过平常设定时间，将会启动警示模式

续表

位置	设备名称	设备功能
卧室	智能感知床	床上的感知器能感应到老年人躺下或坐起，床上的健康监测系统能监控老年人睡眠过程中各项身体指标的变化情况，数据记入控制中心的健康档案中，监控老年人的健康
	智能气象衣柜	可根据室外气象情况推送合适的衣物并给出出行建议，为老年人提供出行安全保障
	智能音乐安眠系统	根据感知床提供的数据判断老年人的睡眠情况，自动播放舒缓的音乐，让老年人身心放松，帮助老年人进入深度睡眠
	空气加湿器	实时监控卧室的空气湿度，将卧室的空气湿度控制在适宜水平
整个住宅	一键报警器	当老年人感觉身体不适时按下一键报警器，控制中心会向设定的号码拨打电话报警
	电动窗户/窗帘	根据控制中心的指令自动开合
	智能照明系统	可根据不同模式亮起不同的灯，且能根据老年人的眼睛适应情况设定不同亮度
	地板防跌倒传感器	防跌倒传感器能监控走在地板上老年人的步速、节奏、姿态等的变化，发现异常情况及时报警，让摔倒的老年人得到及时救助
	触摸式控制面板	根据不同模式控制住宅内不同设备的开关，面板上不同功能的按钮采用区分度明显的颜色，按钮上显示的文字字数少、字号大，并配备语音提示
窗外	室外气象感知器	实时感知室外温度、湿度、光照、风速等数据

谈一谈

开展头脑风暴，讨论智慧家居能够给老年人带来什么。

_____

_____

_____

_____

看一看

未来的家,已到来——智能家居。

未来的家,已到来——智能家居

项目五 智慧助老、智慧用老与智慧孝老

晋杨香，年十四岁，尝随父丰往田获杰粟。父为虎拽去。时香手无寸铁，惟知有父而不知有身，踊跃向前，扼持虎颈，虎亦靡然而逝，父子得免于害。

"二十四孝"之扼虎救父

任务二　智慧用老

任务背景

　　随着人口老龄化的加重和"银发经济"的兴起，在国家大力支持养老行业的背景下，智能养老行业迎来发展的良好时期。目前，我国养老行业形成以居家养老为基础，社区养老为依托，机构养老为支撑，三种模式相辅相成、互相影响的局面。未来，智慧养老将在智能硬件和智能平台的协助下，由"助老"向"用老"和"孝老"迸发。

　　智慧用老作为智慧养老模式的其中一个维度，指的是借助信息技术等现代科技，高效用好老年人的经验智慧、技能和知识，让老年人充分发挥自己的价值和余热。在一定程度上来说，智慧用老与另一个词相近，那就是"老有所为"。

学习探究

一、智慧用老的优势

　　随着人口老龄化的持续加剧，老年抚养比持续上升，劳动力短缺的问题逐渐呈现，使得人力成本上升。大批老年人虽然在退休后退出了劳动力市场，开始享受人生的金色年华，但是很多老年人无论是出于财务

· 123 ·

上的需要，还是出于发挥余热、体现个人价值的愿望，实际上仍然愿意为社会做出一定的贡献。

(一)智慧用老的现状

当前，在老龄化问题比较严重的日本、美国、欧洲等发达国家和地区已经在积极挖掘老年人口潜力，以弥补社会劳动力人口的短缺。

在日本，"退而不休"已经成为日本的一种社会风尚，退休后选择再就业或者创业，成为日本老年人自己的选择。在日本的街头，人们经常能在上下班高峰期间的街头、旅馆、商店等场所看到白发苍苍的老年人在工作，他们认真的工作态度丝毫不亚于年轻人。这背后是日本人口老龄化的社会现实，同时日本老年工作者也获得了越来越多的认可。

"G7集团"概述

2016年，日本厚生劳动省关于"60岁以上雇佣者"的调查结果显示，退休后还继续工作的日本老年人正在逐年增多。2005年约有100万人，2013年增长至250万人。根据经济合作与发展组织发布的数据，2016年日本约23%的65岁以上的老年人还在继续工作，比例是G7成员国中最高的，超过了美国的19%。日本很多企业会在员工60岁时为他办理退休手续，然后以返聘的方式让他继续留在企业工作，只是返聘后工资会低一些。一些退休老年人工作是为了补贴家用，但也有很多老年人生活无忧却仍然选择出去工作或创业。很多老年人在退休后继续工作，并不是为了赚钱，而是为了服务社会。

一个人在60岁退休之后，尚有平均10~20年的空闲时间，相当于在岗工作时间的四分之一到三分之一。按平均每人10年来计算，抛去部分失去正常劳动能力的，如果让这部分人尽自己所能去工作，我国能增加1.4亿劳动者。从社会利益考虑，这部分退休人员继续在行业中发挥余热，不仅能为社会创造精神和物质的财富，还可以让他们实现人生价值，获得成就感和满足感，从而过得更快乐、更健康。我们能够看到有大批的老年人仍在积极参与服务行业，除了咨询行业，也会从事出租车司机、商场收费员等职业，甚至有大批的老年人选择在退休后创业。但

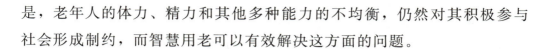

是，老年人的体力、精力和其他多种能力的不均衡，仍然对其积极参与社会形成制约，而智慧用老可以有效解决这方面的问题。

(二)智慧用老的必要性

1. 老年人自身的需要

随着社会的发展，老年人的自我实现需求将日趋强烈，"要健康、要欢乐、要价值"既是亿万老年人的人生实践，更是经济社会现代化在人口老龄化过程中的一个反映。老年人通过继续参与社会来发挥自己的优势，有利于老年人的身心健康，充分实现自己的人生价值，排遣内心的寂寞。许多经验证明，不少老年人退休后，虽然体力上负担减轻了，但由于突然改变了长期的劳动生活习惯，缺乏精神寄托，往往引起性格和生理上的变化，产生"退休病"。如果从在职到退休的转变过程中，继续从事一些力所能及的工作，这样会有利于老年人的身心健康，增加老年人的生活乐趣，同时也可减轻社会在"养老""医老"方面的负担。

2. 社会发展的需要

随着劳动力人口占总人口的比重逐步下降，未来劳动人口将逐渐变得稀缺甚至不足。在解决劳动人口稀缺的多种途径中，开发老年人力资源成本最低、见效最快。但是有人认为，开发老年人力资源，让老年人继续工作，会给青年一代带来就业困难。如果仅从劳动力的供需总量上看，鼓励低龄老年人再就业似乎存在与青年劳动力争夺劳动岗位的矛盾，但事实并非如此。社会工作岗位不是一成不变的，并不是只有一名老年工作者退出岗位，一名年轻人才能顶替他；而且老年人再次进入劳动力市场或人才市场，有两点与青年劳动者不同。其一，老年劳动者选择目标岗位的方向一般是各产业中的辅助性和服务性的岗位，如技术顾问、专家、办事员等，而直接参加技术开发、业务拓展的老年人相对较少；其二，老年劳动者凭借的更多是由于积累而形成的某种优势，如知识、技能、社会关系等。

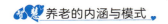

3. 提高人力资源利用率的需要

国家培养一个高素质的人才要投入很大的人力资本。老年人的职业能力依然处于较高水平。发挥老年人的优势、延长劳动服务期能使劳动者的能力得到充分的释放，从而有利于提高人力资源利用率。

(三)老年人的优势

1. 知识经验和智能优势

老年人虽然在体力和精力方面比不过中青年人，但他们经历了青少年的学习和知识积累时期，又经历了中青年的实践、知识深化阶段，处在思想最成熟、知识最渊博、经验最丰富的时期。人的生理老化与思维老化并不是同步的，随着年龄的增长，智力不会被破坏，只是发展速度下降。老年人阅历深、见识广、积累多、办法多，在知识、经验和智力等方面具有一般中青年人所不能比拟的优势。

2. 创造力优势

老年人在创造力方面具有很强的优势。"大器晚成"或"老有所成"的事例不胜枚举。例如，郑板桥晚年达到艺术顶峰；齐白石 50 岁开始改变创作手法，晚年艺术成就超过中年时期，90 多岁达到他的艺术顶峰……不少老年人不仅能保持较高的智力水平，而且还具有较高的创造力。

3. 心理品质与人格威望优势

老年人心理品质坚强，不少年龄越大的人，心理防御机能越健康。老年人人格威望高，有不少老年人才是本单位的元老，为社会、单位的建设和发展做出了重要贡献，在人们的心目中有良好的印象，有利于构建工作关系网。还有些老同志，特别是高校中的老年人才，他们往往是几代人的老师，在学生中享有很高的威望，其行为举止在社会上的影响力是中青年人才难以替代的。因此，对他们进行返聘，便于管理，可信度高。

健康小贴士

老年人怎样在早期识别帕金森病？

老年人怎样在早期识别帕金森病

二、智慧用老应用

智慧用老不仅解决大批老年人的自我实现和晚年空闲时间的利用问题，也能够为社会开发出一个巨大的人力资源池。同时，在老年人退休后，智慧用老能为老年人增加一份收入，这也能够增强他们购买和消费服务的意愿。那么，老年人是如何进行智慧用老的呢？下面首先了解一下智慧用老应用的形式。

(一)智慧用老应用的形式

根据对老年人的年龄阶段及生活经验能力的综合判断，将老年人能够参与的用老方式总结如下。

1. 回归社会

退休老年人如果体格健壮、精力旺盛，又有一技之长，可以积极寻找机会，做一些力所能及的工作。一方面发挥余热，为社会继续做贡献，实现自我价值；另一方面使自己精神上有所寄托，使生活充实起来，促进身心健康。

2. 志愿服务

我国法律明确指出鼓励慈善组织、志愿者为老年人服务，倡导老年人互助服务。退休老年人在离开其工作单位后，有大量的空闲时间，很多老年人希望"老有所为""老有所乐"，不愿意与社会脱节，但是缺乏施展其才能和发挥余热的平台。目前，常见的形式为参加社区志愿活动，通过参与志愿活动，老年人既得到了社会对个人的尊重，又体现了个人对社会的责任和贡献，充分体现了老年人的社会价值。在参加社区志愿活动中，如何将大批老年人和对应的工作连接起来是利用老年人的时间与资源的关键。

3. 技术辅助

在传统的老龄社会里，老年人因为体力下降导致力不从心，从而退出了工作领域。但是随着技术的发展，通过技术辅助使老年人持续地发挥其脑力和剩余体力的可能性大幅度增加。通过技术辅助，老年人能够从事一些"简单"且机器难以胜任的劳动，能够有效地缓解老龄化社会将要面临的劳动力不足的问题，将有限的劳动力用在最需要的地方。从目前的趋势看，重复性、机械性的人工服务将很快被机器替代，但需要"软技能"，尤其是"情感技能"的工作在很长一段时间内仍然需要人去完成，而老年群体便是一个合理的人力资源池，将这些需求和能够提供服务的老年人对接将不再是个难题，其关键是开发相关的、易用的"工具"来辅助老年人完成任务。

4. 搭建平台

退休老年人在离开其工作单位后，虽然有大量的空闲时间，但是缺乏施展其才能和发挥余热的平台。目前，常见的社区志愿活动只是给社区内少数老年人提供了参与的机会，而大批老年人的大量时间仍然消耗在了无价值或低价值的事务上。在信息时代的今天，智慧用老可通过搭建平台的方式在技术上实现。

对于习惯了使用微信的一代老年人，平台的使用将不会成为老年人的障碍，这一代老年人将是智慧用老的主要服务对象。即使对于不使用智能手机的老年群体，语音界面也可以提供一个可行的方案，使老年人可以通过一个简单易用的平台，搜索、了解各种需要完成的项目、任务、要求和标准、时间期限、报酬等，然后选择自己喜欢并能够胜任的项目。

但是，常见的互联网信息平台往往因为使用界面对老年人不友好，而无法被多数老年人使用。如何采用智能技术搭建一个对老年人来说方便易用的平台，使更多的老年人可以把他们的空闲时间利用起来，创造人生价值，同时增加他们的社会参与程度，这是一个挑战，也是一个机遇。

5. 充实生活

老年人不仅需要积极参与社会活动、发挥余热，也非常希望他们的努力能够获得社会的认可，自我感觉"有价值"。许多老年人在退休前已有业余爱好，只是工作繁忙无暇顾及，退休后可利用闲暇时间充分享受这一乐趣。即便是没有特殊爱好的老年人，退休后也应该有意识地培养一些爱好，以丰富和充实自己的生活。因此，通过一个平台帮助老年人展示其工作、学习成果，同时展示其他人对老年人的积极反馈是非常重要的。分享展示平台的另一个作用是使老年人之间形成互动，通过互相借鉴、互相学习，形成老年人之间的另一个社交平台。

(二)发挥智慧用老的优势

1. 加大宣传力度

解决好认识问题，是发挥老年人优势的前提。

第一，要有计划、有步骤地大力宣传老年人在经济和社会发展中的重要性和特殊作用，营造一个良好的社会氛围。

第二，要提高人们对老年人的理性认识。要通过宣传教育逐步消除对老年人的偏见，提高对老年人的认同感。

第三，老年人自身应转变传统的观念，树立起"既有享受退休的权利，也要尽相应的社会义务"的现代新观念，鼓励老年人积极走出家门、融入社会。

第四，要明确"人才没有年龄界限"的观点，要认识到发挥老年人的优势不仅是对老年人才潜在价值的一种认可，更重要的是关系到国家的经济发展和社会稳定。

2. 加强老年人的管理

第一，要把发挥老年人工作的优势纳入政府有关部门的职责范围，列入人才资源开发的整体规划当中，统一部署、统一协调，共建高素质、高技术含量的老年人才队伍。

第二，建立老年人才信息数据库，为社会合理选择、使用老年人才提供根据。

第三，大力发展社区老年人自我管理。随着社会老龄人口比重的增加，家庭养老趋于弱化。因此，发挥老年人才的作用，在社区内把老年人组织起来，开展以老年人为主的各项工作，组织老年人进行自我管理、相互服务的活动，提倡低龄老年人为高龄老年人服务，健康老年人为患病老年人服务，实行相互间的生活援助和思想感情交流活动，不但有助于提高他们的自助、自立能力和生活水平，减轻社会的养老负担，同时也可以发挥老年人才的价值。

3. 重视政策指导

要使老年人才的优势真正得到有效发挥，必须有正确的政策指导来调动老年人参与经济社会发展的积极性。

第一，可根据实际研究制定灵活退休制度，根据老年人的身体条件和工作能力来确定退休年龄及领取养老金年龄。

第二，要建立健全老年专业技术人员的聘用制度，按照党和国家鼓励支持离退休科技人员发挥作用的有关文件精神，制订符合地方实际的离退休专业技术人才开发使用管理办法，从法制上规范其社会地位、权利、责任、义务及待遇。

第三，进一步贯彻落实劳动、知识、技术、管理等生产要素按贡献参与分配的政策，建立以实际效益为基础的分配激励机制，实行人力资源与业绩、待遇挂钩的政策，对成绩突出的老年人要给予必要的表彰和奖励。

4. 培育老年人才市场

政府有关部门应采取实际措施，积极培育和发展老年人才市场，依托政府人才网为社会用人单位和老年人才搭建平台，建立老年人才信息服务网络，督促建立老年人才交流中介组织，完善推荐聘用管理机制，并建立配套的监督体制，保证老年人才资源按照市场需求模式健康运行。要做好老年人才的信息交流工作，充分发挥各级老龄工作机构、街道居委会在建立老年人才介绍所上的作用，为各类人才供需双方牵线搭桥、提供信息、提供方便。可根据社会实际需要，必要时举办老年人才交流洽谈会，进行双向选择，合理利用老年人才资源。

5. 依托老年组织

从组织管理的角度看，老年人力资源在退出原工作岗位后，很少介入组织或单位。老年人必须依靠自身的努力，积极地寻求整合和参与，组织起来结成一支强有力的老年群体，同其他人才群体一样，去追求自身的共同利益。一旦老年人才在退出原工作岗位后愿意继续发挥专业特长，就可以进入新的组织管理系统，如老年离退休科技协会、老年教授协会、老年医生协会、老年社区志愿者协会和老年体协等社团组织，以"自我组织、自我管理、自我教育、自我服务"为主，帮助老年人实现价值。

谈一谈

通过智慧用老的学习，开展头脑风暴，讨论智慧用老能够给老年人带来什么。

> **看一看**

福建福州：环保"老顽童"柯文沣

　　73岁的柯文沣是福建省福州市晋安区一名环保志愿者，他利用退休后的闲暇时光开设环保课堂，宣传环保理念，呼吁更多人关注环境问题、保护生态环境。

宋黄庭坚，元符中为太史，性至孝。身虽贵显，奉母尽诚。每夕，亲自为母涤溺器，未尝一刻不供子职。

"二十四孝"之涤亲溺器

任务三　智慧孝老

任务背景

作为对传统孝老方式的革新，智慧孝老有明显的中国特色，是未来可以进行文化输出的领域。它利用信息技术等现代科技，在人口老龄化问题日益加剧的今天，帮助年轻人以更恰当的方式感恩和回报老年人，进而推动中华传统美德的传承和孝老文化的弘扬。

微视频｜最美"夕阳红"

智慧孝老是利用信息技术等现代科技孝敬老年人，如果说智慧助老更多是从设备、器材等物质方面给予老年人帮助，那么智慧孝老则主要是从精神层面给老年人以情感和尊严的支持。挖掘好孝文化，做好智慧孝老，在世界智慧养老大舞台上彰显中国特色。

一、智慧孝老模型

(一)智慧孝老的类型

智慧孝老最常见的类型有老年人安全保障与风险控制、宜居环境营造和亲情关怀三类。

1. 老年人安全保障与风险控制

老年人的身体随着年龄的增长而衰弱，身体素质在逐渐降低。由于很多老年人对自身的衰老程度并不是很了解，出于心理惯性，他们并没有意识到风险在增加，或者意识程度远远不够，因此往往低估某些风险。我们常常注意到，老年人更容易接受家庭适老化改造中那些能够使他们直接体会到好处的、能使他们行动更方便的配置，而拒绝那些防患于未然的、保障安全的配置。这一现象充分体现了老年人对安全风险的惯性认识。

在这种情况下，一般是老年人的子女替老年人考虑、评估并设计、实施应对各种风险的方案，增加老年人在家中的安全保障手段，包括消除安全隐患、使用安全监控服务，以及鼓励老年人做特定的肌肉锻炼来提高抗风险能力等，都属于老年人安全保障与风险控制一类。

根据老年人安全保障与风险控制的类型，为实现智慧孝老，可以通过以下方案来大幅度改善老年人居家安全状况。

(1)安装紧急呼救装置，如在床边、卫生间内马桶边等常见的紧急事件发生点安装一键呼救装置，连接到老年人子女或者社区应急人员的电话。

(2)安装感应式夜灯。很多老年人并没有养成在起夜时先开灯的习惯，而是习惯于摸黑下床去卫生间，这一动作隐藏着很大的安全风险。安装一个自动打开的感应式夜灯能够很好地解决这一问题。

(3)安装可视门铃。空巢老人容易成为犯罪分子的目标，入户诈骗或强买强卖是犯罪分子的主要犯罪手段。由于老年人的鉴别能力和防范能力较弱，一旦犯罪分子进入老年人的家中，老年人成为受害人的可能性就会大大增加，因此，安装可视门铃可以有效地降低这一风险。

(4)安装智能看护系统。在空巢老人家中部署基于物联网技术的居家安全智能看护系统，全天候地关注老年人在家中的生活起居，在发生意外和严重异常时，系统可以及时主动地向老年人子女或社区服务人员发出警告信息。

(5)安装厨房环境安全监测系统，防范老年人在烹饪操作中的安全风险。

2. 宜居环境营造

老年人随着年龄的增长，逐渐形成难以改变的思维和行为惯性，他们更愿意生活在熟悉的环境中，不主动地去变动、改善居住环境，这是大脑衰老的一个征兆。观察老年群体的居住环境会发现，大多数老年人家中家具的摆放、物品的收纳乃至电源插线板的位置等，可能几十年都不会改变，一直保持着多年以前的家居格局。但是生活在这样的环境中，会产生很多问题。

针对这种情况，为了实现智慧孝老，很多子女对老年人的居住环境进行了改造，使居住环境更舒适、更方便，这是孝老的具体体现。在这种改造过程中可以运用以下智能技术来改善老年人的居住环境。

（1）部署语音驱动的智能家居系统，控制家中的多种电动装置。

（2）对温度、湿度、噪声等居住环境指标进行实时监测，在异常时发出告警。

（3）智能马桶等为老年人每天的日常生活提供更方便、更卫生和更安全的协助。

（4）在厨房和卫生间的上水处部署水温控制器，有效地控制日常用水的温度上限，避免老年人被烫伤。

（5）采用电子助力工具协助老年人从沙发上、床上起身。

（6）采用助力工具协助老年人上下楼梯。

3. 亲情关怀

受传统文化影响，老年人往往在晚年对子女与他们的情感连接有着较高的期望和需求，他们需要情感上的关怀。但是由于很多子女忙于工作，不常在父母身边，有的只是在逢年过节时能探望一下父母，这种需求很难得到满足。因此，协助子女充分

孝老模范艾竹：用"心"做孝道的传承者

利用有限的时间来解决家中多个老年人的亲情关怀问题，是智慧养老能够大显身手的领域。

采用智慧养老技术来保持和拓展子女与老年人的情感连接将是中国孝文化在信息时代新的体现。为实现智慧孝老，可以通过智慧代理助力亲情关怀。

（1）智慧代理发起日常问候和提醒重要日期。当子女忙于工作和自己

的家庭时，很容易忽略与父母的交流与沟通。智慧代理能够及时地提醒子女在重要日期发起对父母的问候，如老年人的生日、春节、结婚纪念日、父亲节、母亲节等。

（2）智慧代理记录老年人感兴趣的话题。在和老年人交流时，除了谈一些日常的生活事务，还可以多谈谈老年人感兴趣的事情。

（3）子女可以通过智慧代理提醒老年人，如其他长辈的生日、结婚纪念日等，来帮助老年人维系其社会交往圈子，同时传递对老年人的关爱。

(二)构建智慧孝老模型

基于对当代智慧养老内涵的理解，我国的学者构建了智慧孝老模型，如图5-3-1所示。

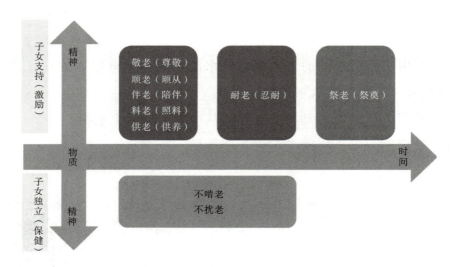

图5-3-1 智慧孝老模型

在智慧孝老模型中，横坐标是时间，从左至右，第一个模块的五个内容是日常情况下的孝老。第二个模块"耐老"是在较长时间孝老的内容。老年人过世后，年轻人应当为其料理后事，并在很长时间内，特别是约定俗成的祭奠日对逝者进行缅怀祭奠，因而最后一个模块是"祭老"的内容。

根据行为科学家提出的双因素理论，横轴上方的七个孝老元素可归纳为孝的激励因素，因为当子女给老年人提供或优化这些支持时，老年人会变得更加愉悦。模型下方的"不啃老"和"不扰老"两个内容可归纳为保健因素。当子女物质上独立的时候，他们便不再啃老；当子女精神上独立的时候，他们便不需要父母担心，即不扰老。

模型的核心是供老、料老、伴老、顺老、敬老，这是现代老年人对孝道最普遍的理解。核心的五个孝老元素自下而上符合马斯洛需求层次理论：最底层的供养老年人，是孝最基本的要求；其次是对老年人的照料，通过供养和照料老年人，满足了老年人的生理需要和安全需要；中间是陪伴老年人，给老年人带来精神慰藉和情感归属，满足他们的社会需要；模型的顶端是顺老和敬老，这满足老年人被尊重的需要。马斯洛需求层次顶端还有自我实现需要，这主要是"智慧用老"所关注的部分。当然，如果老年人有自我实现的需求，子女应该顺从和尊重他们。

陈卓林：30多年用爱心诠释孝老美德

这五部分核心元素所关注的重点也有所差别。供养老年人主要是为老年人提供物资，满足老年人的物质需求；照料老年人既需要相应的物资支持，也需要人工服务；陪伴老年人主要是关注子女的行为；顺从、尊敬老年人则更多地关注晚辈对老年人的态度。

在智慧孝老模型中，孝老与助老有重合的内容，主要表现在伴老、料老与供老上。这三者也可以通过智慧助老来实现。

健康小贴士

常熬夜、睡眠质量差？小心得阿尔茨海默病。

常熬夜、睡眠质量差？小心得阿尔茨海默病

二、智慧孝老应用

智慧孝老应用用来协助子女孝敬老年人。智慧孝老具有鲜明的中国传统孝文化色彩，虽然最终是老年人从服务中受益，但智慧孝老服务需求主要是从子女尽孝的角度着眼的，满足的是子女在这一方面的情感需求，并且费用也多由子女承担。

智慧孝老可以通过智能手机中的应用及其他辅助物联网设备来实现。智慧孝老的全面应用包括供老、料老、伴老、顺老、敬老、耐老、祭老、不啃老、不扰老九个智慧支持模块，老年人或子女可根据实际情况选择使用，下面将对九个智慧孝老支持模块进行介绍。

(一)供老智慧支持模块

供老智慧支持模块一般具有检测需求、推荐商品服务及购买商品服务三大功能，主要是通过检测老年人的日常起居，及时发现老年人在衣食住行方面的具体需求，并及时通过手机应用给子女或外部服务人员发出提醒。如及时检测老年人家中食物、药物及生活用品的数量及保质期，及时向子女发出提醒；如遇老年人身体数值发生变化，也可及时发出提醒以便观察老年人的健康状况；换季时，向老年人报告天气情况，及时提醒老年人根据温度增减衣物，更换当季需要的衣物和生活用品。

孙梅丽：孝老爱亲任劳任怨

(二)料老智慧支持模块

老年人在日常生活中难免会遇到很多问题，料老智慧支持模块可以通过一键求助功能或健康检测仪等设备辅助子女对老年人进行健康照料和日常生活照料。料老智慧支持模块的功能通常与智慧助老系统结合。例如，老年人出现突发身体情况或日常生活问题，家中发生下水道堵塞、房屋管道漏水等，可以通过智慧孝老手机端应用中设有的"一键求助"功能进行求助，智慧孝老手机端会立即联系老年人的子女或外部服务中心、急救中心，使他们掌握老年人的详细信息，第一时间到家中对老年人实施帮助或紧急救援。老年人还可以一键启动健康咨询、养老便民等便捷服务。

(三)伴老智慧支持模块

伴老智慧支持模块包含终端远程陪伴系统和伴老评价功能。

一方面，可以通过手机端应用设置提醒，定时给子女推送陪伴老年人的提醒。例如，设定每周或每天固定时间给老年人打电话，每月回家看望并陪老年人吃饭，每年陪老年人过生日或有特殊意义的纪念日、节日。具体的时间和次数都可以在系统中进行更改和设定。离家较远的子女通过智能设备远程陪伴系统可以与父母视频"见面"。此系统也可以实现老年人之间在线社交或在虚拟社区交流，相互沟通。另一方面，智慧孝老移动端应用可以检测并记录老年人与子女之间的距离、交流时间，通过后台记录可以计算出子女陪伴老年人的时间和频率，并统计出相对应的评价与得分，以及他们在家庭圈或朋友圈中的伴老排名，以此激励子女更好地陪伴老年人。

(四)顺老智慧支持模块

顺老智慧支持模块主要可以依靠传感器、声音或面部识别技术检测老年人的身体状况和情绪，在有危险情况时发出警报，让子女能够及时了解老年人的身心状况。在顺老智慧支持模块实施的过程中，老年人可以携带智能设备，例如腕带、项链、手环等轻便的传感器实时监测身体数值（血压、心率、体温等），亦可通过定位系统云记录老年人所处的位置，声音识别技术则可以检测老年人在周围环境中说话的声音分贝，辨识老年人及其亲属的声音。当老年人随身携带的传感器检测到的数值超过临界值时，智慧孝老移动端应用可以发出警报，提醒双方控制自己的情绪或向附近的人发出求助信号。当老年人的亲属与其发生争执或不愉快时，App 会将子女或其他亲属的"不良行为"记录在案；如果是在户外与他人发生争执，则会给老年人的亲属发送提醒和定位，及时告知他们。

智慧孝老应用可以将老年人的身体数值及每天的情绪记录下来，绘成表格或曲线图。通过这一模块，子女能够及时了解老年人的身体状况及情绪，与他们沟通，聆听老年人的真实需求并尽力予以满足。

（五）敬老智慧支持模块

王显强：孝老爱亲好模范

敬老智慧支持模块可以通过社会范围的敬老评价体系来实现并辅助引导敬老行为和建设孝文化。如果建立全社会的敬老评价体系，体系中可以设置所有人的"敬老积分"。当遇到同时拥有智慧孝老应用的老年人与年轻人时，老年人可以通过应用向对自己施以善行、表示尊重的年轻人打分、评价来表达谢意。政府、社区或为老年人服务的机构可以根据积分评选"敬老标兵"，定期给优秀标兵进行表彰。年轻人可以运用自己的敬老积分享受一些社会惠民服务，例如，换取优惠券、免费游览公园、享受公共交通工具的优惠等。

（六）耐老智慧支持模块

耐老智慧支持模块可以将上述五个模块整合在一起，持续评估老年人的状态和年轻人的表现，并将得到的数据进行后台记录、整合和分析，年轻人可以获得"耐老综合评价"。对老年人没有耐心的年轻人，其综合评价的数值会持续走低，低于一定的分数会得到提醒和警告，告知年轻人应保持积极乐观的情绪，保持对老年人的细心、耐心。

（七）祭老智慧支持模块

祭老智慧支持模块是利用互联网技术，使用"绿色环保祭祖"的新方式，将传统的祭祀方式转移到现代信息技术建立的平台中，既可以省去远离家乡的子女来回路途的奔波，也可以减少因焚烧祭品带来的火灾隐患和环境污染。例如，当前网络上出现的"网上扫墓"迅速地进入到大众的生活中，人们只需要扫描二维码或点击网址，便可以进行网上扫墓、送花并在留言板中表达对亲人的思念之情，还可以在网站上传逝者的生平、照片等供生者瞻仰。

项目五 智慧助老、智慧用老与智慧孝老

（八）不啃老智慧支持模块

不啃老智慧支持模块主要包括老年人消费监管功能。在消费监管功能中，老年人可将自己的银行卡、工资卡等绑定到智慧孝老应用中，当子女动用老年人卡中的金钱时，老年人的手机会收到信息提醒。同时，老年人也可以在应用中对其消费上限进行设置。当子女每月的消费金额超过消费上限时，可对其提醒和警告，行为过分者可直接扣除相应的"敬老积分"。

（九）不扰老智慧支持模块

不扰老智慧支持模块的功能主要是防止老年人在可以完全独立自主生活的情况下，子女对其生活进行过度的干扰。例如，当老年人希望拥有自己独立时间的时候，可以在智慧孝老应用中设定子女探望或联络自己的次数，当子女联络次数超过设定次数时，可视为干扰老年人的独立生活，提醒子女要尊重老年人的生活，减少对老年人生活的干预。

总之，孝是中国传统文化的核心，智慧孝老支持运用现代信息技术，借助"智慧""智能"的理论帮助子女更好地与老年人进行沟通，进而更好地尽孝，满足老年人物质和精神的需求。

当前智慧养老不仅显示出优势，也存在玩噱头、炒概念的现象。市面上很多智慧养老产品可复制的、成形的模式并不多，大部分仍停留在概念阶段。其根本原因是产品并没有考虑到老年人的生活习惯和使用能力。比较典型的例子是很多商家和厂家在可穿戴设备的技术方面下了很大的功夫，但大多是站在成年人的角度设计。比如，主打老年人摔倒报警的产品安装了最新的安卓系统，但因屏幕小、字体小的问题，对老年人十分不友好。这也提醒了市面的厂家，智慧养老要在技术上做减法，在为老年人服务上做加法，与面向中、青年人的智能化技术研发有所区别。再比如，现在很多地方建设了智慧养老信息平台，但是普遍存在"重线上、轻线下，重显示终端、轻客户终端"等问题。显示终端主要用于展示，主要作为一个呼叫平台来进行使用，并不能提供老年人所需要的养老服务。

养老的本质是服务，智慧养老应真正以老年人为本，既要有技术精度，

· 141 ·

又要有人文温度。同时，推广智慧养老要以积极老龄观和健康老龄观为引领，不能让技术成为新的障碍，使老年人变得更加封闭和依赖。要意识到，智慧养老不是一种新的养老模式，其本质是与传统的居家、社区、机构养老模式的有机融合，融合度越高，智慧养老就越有生命力。要把智慧养老有机融合到养老服务的全过程、全领域，并加强标准统一和规范建设。

谈一谈

如何将项目五中提到的三大养老方向与现代信息技术结合，才能让老年人更容易接受并受益于科技带来的养老便利？

_____
_____
_____
_____
_____

看一看

好好学习
孝亲敬老